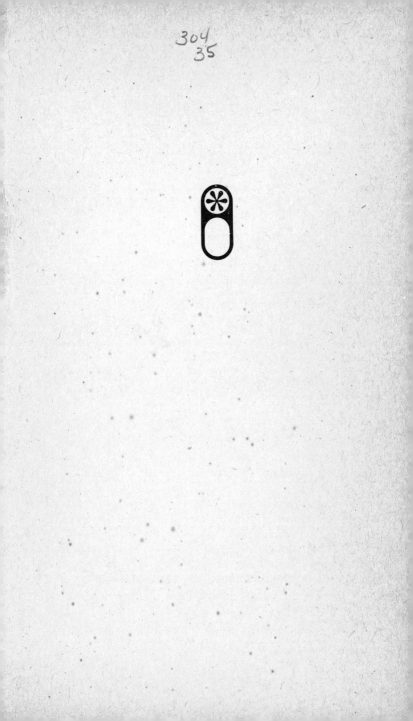

Serie Literatura

El recurso del supremo patriarca

Mario Benedetti

El recurso del supremo patriarca

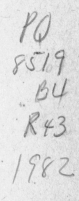

EDITORIAL NUEVA IMAGEN

Primera edición, 1979
Segunda edición, 1981
Tercera edición, 1982

Portada: *Alberto Diez*

© 1979, Editorial Nueva Imagen, S. A.
Escollo 316, México, 01710, D. F.
Apartado Postal 600, México, 06000, D. F.

Impreso en México
ISBN 968-429-102-7

Índice

Nota

Este volumen —que de alguna manera es complementario de otros tres: *Literatura uruguaya siglo XX*, 1963, *Letras del continente mestizo*, 1967, y *Sobre artes y oficios*, 1968— reúne trabajos escritos en los años 1977 y 1978.

La mayoría son enfoques críticos y se refieren a obras de Carpentier, Roa Bastos, García Márquez, Urondo, Conti, Soler Puig, Lezama Lima, Marinello y Martí. De los restantes: "El escritor y la crítica en el contexto del subdesarrollo", es el texto de una ponencia leída en el ciclo sobre crítica literaria latinoamericana que en marzo de 1977 organizó el Centro Rómulo Gallegos, de Caracas; "El duro camino hacia la paz" fue leído en el Encuentro Internacional de Escritores, desarrollado en Sofía, Bulgaria, del 7 al 9 de junio de 1977; "En busca de una identidad perdida" comenta un tema tratado en el Encuentro de Escritores convocado en La Habana por la Casa de las Américas, en enero de 1976; "Dos muertos que no acaban de morir" es un discurso pronunciado en México, mayo de 1978, con motivo del homenaje a los parlamentarios uruguayos Zelmar Michelini y Héctor Gutiérrez Ruiz, al cumplirse dos años de su secuestro y asesinato en Buenos Aires; "Algunas formas subsidiarias de la penetración cultural" es el texto de una conferencia pronunciada en Caracas y México, en 1977 y 1978 respectivamente; "Borges o el fascismo ingenioso" fue escrito a comienzos de 1979.

M.B.

Ciudad de México, febrero de 1979.

I. El recurso del supremo patriarca

1

Antes que nada una aclaración: el título de este trabajo (que obviamente va a tratar de tres novelas: *El recurso del método*, de Alejo Carpentier; *Yo el Supremo*, de Augusto Roa Bastos y *El otoño del patriarca*, de Gabriel García Márquez) no es un mero juego de palabras. Por algún extraño azar, estos tres notables narradores apelaron al mismo *recurso:* narrar la vida de un dictador latinoamericano, ese *supremo patriarca* que en un caso (el de la obra de Roa Bastos) tiene nombre y apellido, y en los otros dos es algo así como un ente promedial.

Medio en serio, medio en broma, Carpentier incluso ha llegado a decir[1] que su novela está construida con un 40% de Machado, un 10% de Guzmán Blanco, un 10% de Cipriano Castro, un 10% de Estrada Cabrera, un 20% de Trujillo y un 10% de Porfirio Díaz, sin perjuicio de reconocer que el personaje contiene, además, ciertas características de Somoza y de Juan Vicente Gómez.

Sin salir aún de los títulos, cabe señalar también el ingrediente irónico que los emparienta. El de Carpentier tiene un dejo burlón que no sólo afecta al protagonista sino al mismísimo Descartes; el de Roa Bastos admite la sorna de asignar a su personaje el colmo de vanidad que el mismo dictador se endilga; el de García Márquez propone todo un "Patriarca", poco menos que entre comillas, a fin de que luego produzca más efecto la demolición del mito.

Por supuesto, ninguno de los tres novelistas pretende haber descubierto el "recurso". Quizá algún lector piense automáticamente en *El rey se muere*, de Ionesco, pero la verdad es que el óbito de un dictador latinoamericano por lo común tiene más que ver con la crujiente agonía de Franco que con las sutiles postrimerías de un monarca del absurdo.

Hay, sin embargo, dos antecedentes literarios inocultables: *Tirano Banderas*, de don Ramón del Valle Inclán, y *El señor presidente*, de Miguel Ángel Asturias; y si no incluyo una de las primeras obras de Carpentier, *El reino de este mundo*, es porque en esta novela Henri Christophe es un personaje importante, pero no el protagonista, ya que tal categoría corresponde sin duda a Ti Noel, esclavo negro. La diferencia más obvia entre las obras de Valle Inclán y Asturias, por un lado, y las tres recientes, por el otro, mucho más que con la época en que transcurren los relatos, tiene que ver con la mirada del narrador.

Como ha señalado certeramente el crítico mexicano Jaime Labastida,[2] Zamalpoa, el país en que transcurre *Tirano Banderas*, "corresponde, por sus características, a una región geográfica, económica, política y social, que ya no existe", y —agreguemos— que quizá nunca existió. Pese al indiscutible talento de su autor y a los notables aciertos de la novela, su peripecia, aunque está "imaginada" a partir de concretas realidades latinoamericanas, deja al descubierto que ha sido concebida desde Europa. *Tirano Banderas*, con su América pensada por un español, es de alguna manera la contrapartida de *El embrujo de Sevilla*, del uruguayo Carlos Reyles, o *La gloria de Don Ramiro*, del argentino Enrique Larreta, con una España pensada por latinoamericanos; dicho sea esto sin perjuicio de reconocer que la obra de Valle Inclán es desde todo punto de vista una empresa mucho más interesante, y también más lograda, que las de los rioplatenses, ya que éstos en ningún momento consiguen superar sus limitaciones poco menos que turísticas. Pero aún así, en la novela de Valle Inclán es evidente que el general Banderas, en su Zamalpoa, tiene menos relación con cualquier tiranuelo de estas tierras que con la visión que un español (aun tratándose de uno tan bienhumorado y esperpéntico como Valle Inclán) suele tener de ese fenómeno tan peculiar y tan latinoamericano.

Con respecto a la novela de Asturias hay, por cierto, menos distancia, e incluso la de García Márquez se acerca particularmente al "señor presidente" al atribuir a su protagonista un parecido regodeo en la maldad. Pero el punto de vista de Asturias, aun siendo agudamente crítico con respecto al dictador Estrada Cabrera que le sirve de modelo, por lo general no establece distancia en relación con la historia que narra. Cuenta desde adentro de la época. Se rebela, pero no se aleja. Y ésta es quizá la principal diferencia con las tres novelas de hoy. Tanto

Carpentier, como Roa Bastos, como García Márquez, enfocan el pasado pero narran desde el presente. Aunque en la palabra de cada narrador virtualmente no aparece (o si alguna vez aparece, es por una voluntaria y disparatada contorsión) el tiempo de hoy, este hoy, en cambio, con todos sus horrores y esperanzas, con todos sus fracasos y todos sus logros, está siempre inserto en la mirada del narrador. Es así que, casi inevitablemente, en Roa Bastos aparece la mirada del exilio y sus frustraciones; en García Márquez, la de un país (el suyo, aunque tal vez no sea el de la novela) que es colmo de violencia; en Carpentier, la de un militante revolucionario. Y cada mirada colorea su objeto. Quizá por eso el lector tiene la sensación de transitar, no por un pasado de rescate, sino por un presente de delirio.

2

No pienso acometer, en estas páginas, la magna faena investigadora, comparativa y erudita que las tres novelas merecen, no sólo por su nivel literario, sino por el hecho excepcional de haber tratado simultáneamente un mismo tema, como si respondieran a demandas de testimonio e imaginación, creadas por la historia misma de esta América, sufrida y también esplendorosa, donde aún coexisten una plaga tan horrenda como la tortura y un milagro tan humano como la solidaridad. Simplemente quiero trasmitir mi experiencia, o sea, la de un lector que virtualmente conoce toda la obra que hasta ese momento habían publicado estos novelistas y que leyó las tres novelas casi sin solución de continuidad, atraído no sólo por las cualidades literarias, sino también por dos comparaciones latentes: la de cada una de esas obras con los libros anteriores de su autor, y la de cada una de las tres novelas con las dos restantes.

En el primer cotejo quien sale extraordinariamente favorecido es Augusto Roa Bastos, ya que el saldo cualitativo que va de su obra anterior (por cierto muy estimable, en especial la novela *Hijo de hombre*) a *Yo el Supremo*, es sencillamente notable. De ser un buen novelista local, este paraguayo se eleva ahora (entre otras cosas, por haber profundizado en su esencia y raigambre nacionales) a la categoría de un escritor latinoamericano de primerísimo rango. Aunque el juicio pueda parecer irreverente, estimo que, desde *Pedro Páramo*, la excelente narrativa latinoamericana no producía una obra tan original e inexpugnable como *Yo el Supremo*. En ese lapso se publicaron por lo menos diez o doce grandes novelas, notables en algunos casos por su nivel estrictamente literario, en otros por la oportunidad del tema o el carácter testimonial, y en otros más por su propuesta experimental. Pero quizá ninguna como la de Roa sea a la vez un excepcional logro literario, un testimonio apasionante y una obra de vanguardia. Me atrevo a decir que *Yo el Supremo* pasará a integrar la todavía magra lista de nuestros clásicos, siempre que concedamos a esta palabra sus connotaciones de obra maestra, garantizada permanencia, solidez estructural y expresión artística de todo un pueblo. Carpentier y García Márquez habían demostrado ser, hasta ahora, escritores de mayor envergadura y creatividad que Roa. Sin embargo, en este primer cotejo con sus propios antecedentes, enfrentan la probable comprobación de que ni *El recurso del método* ni *El otoño del patriarca* son respectivamente sus mejores libros. Sin embargo, también entre ellos hay diferencias, matices. No hay que olvidar que tanto *El recurso* como *El otoño* significan la apertura de nuevos rumbos. Carpentier se lanza decididamente al ejercicio del humor, que hasta aquí no había sido rasgo fundamental de su obra, y muestra un dominio casi perfecto del nuevo instrumento. Cualquier lector de *El recurso* estará dispuesto a reconocer que más de un pasaje de la novela lo llevó a la risa o a la franca carcajada. Y ésta es la prueba del nueve de la eficacia.

García Márquez, por su parte, emigra (¿para siempre?) de su seguro y feérico Macondo para encararse con un tema particularmente ríspido: la figura de un dictador promedio (también es posible que se trate de un personaje de concreta inspiración histórica, pero irrealizado por la imaginación), una suerte de monstruo antediluviano metido a gobernar. Por otra parte, no se limita a experimentar, como en *Cien años de soledad*, con supuestos ingredientes mágicos, sino que incorpora a su estilo, siempre atrayente, recursos agilitadores como la falta o escasez de puntuación o el cambio de sujeto sin previo aviso. Sin embargo, este nuevo García Márquez está, en varios aspectos, más lejos de sus anteriores excelencias que el nuevo Carpentier de sus antiguas virtudes. Más aún, se me ocurre que lo que sucede con *El recurso* es que la previa y deliberada asunción de un género menor, la novela picaresca, de algún modo predispone al lector a una actitud más liviana, menos apta para ahondar (y para captar los ahondamientos) en una realidad y una imaginería que en el fondo no son nada frívolas. Por eso, aunque es evidente que *El recurso* no tiene la complejidad intelectual de *Los pasos perdidos* ni la estructura catedralicia de *El siglo de las luces*, no estoy demasiado seguro de que la nueva novela tenga menos rigor o sea menos eficaz que aquellos dos libros que considero como obras maestras en la narrativa de Carpentier y en la novela latinoamericana.

3

Con *El otoño del patriarca* el problema es distinto. Quizá por ser García Márquez la figura máxima del ex *boom*, lo cierto es que una monumental propaganda, directa o indirecta, precedió largamente a la aparición de la nueva novela. Quien conozca los entretelones de la crítica y la subcrítica de América Latina, sabrá cuán difícil es para un escritor, tras un éxito avasallante (como lo fue el de *Cien años de soledad*), volver a cosechar parecidos o mayores elogios. Existe algo así como una expectativa agorera en tales medios, que por lo general esperan un nuevo título con las garras bien afiladas. Por ejemplo: después de la inusual repercusión de *Rayuela*, era previsible que cualquier novela de Cortázar iba a ser destrozada por los gacetilleros. Los famosos *críticos de sostén* se convierten de pronto en *críticos de derrumbe*. Cualquier escritor tiene altibajos en su producción, y por lo general le son señalados con relativa objetividad, pero cuando el descenso de calidad viene después de un éxito descomunal, la crítica puede llegar a niveles de sadismo. Siempre he pensado que el larguísimo (y hasta ahora no interrumpido) silencio de Juan Rulfo, después de su magnífico *Pedro Páramo*, quizá venga de haber intuido con certeza esa latente amenaza.

Todos éstos son condicionantes que entorpecen la ecuanimidad, pero hay que hacer el esfuerzo por conservarla. Creo que lo primero a reconocer en García Márquez es el coraje de haber escrito otra ambiciosa novela (la aparición de *El náufrago* y *La cándida Eréndira*, por sus menores dimensiones, no se prestaba para la "venganza", aunque debe señalarse que, así y todo, el volumen de cuentos cosechó algunas críticas más bien demoledoras) después de *Cien años de soledad*. Lo segundo a reconocer es que el nuevo intento, sin ser un fracaso ni mucho menos, no está a la altura de aquella novela excepcional. En la carrera de cualquier otro escritor, *El otoño* significaría un logro mayúsculo. ¿Por qué entonces genera en el lector (no sólo en el crítico) de García Márquez, aun en el mejor predispuesto, una cierta decepción, sobre todo si además compara esa novela con las de Roa y Carpentier? Aquí ya empezamos, casi insensiblemente, a abarcar el segundo cotejo, o sea el de las tres obras entre sí. Una comparación a la que de algún modo obliga su común denominador: el retrato de un dictador latinoamericano, un "señor presidente" del pasado visto con ojos de los años setenta. Tanto el Primer Magistrado, de Carpentier, como el Supremo dictador, de Roa, son seres complejos, crueles, de ácido humor, pero con fases afectivas y hasta generosas. Es claro que en el retrato predominan el gesto arbitrario, las órdenes injustas, las duras y a veces criminales decisiones, pero hay también (sobre todo en el personaje de Carpentier) una cualidad alegre, despreciativa de los abyectos adulones, y (en el personaje de Roa) un sentido de patria, una voluntad cohesionadora de todo un pueblo. O sea que no hay maniqueísmo. Aun con su negativo diagnóstico promedial, estos poderosos tienen sus debilidades, sus concesiones y hasta sus recónditas ternezas. Quizá sea esa complejidad la que los hace creíbles, pero también la que hace más impresionante su lado sombrío.

Por el contrario, el Patriarca de García Márquez es casi una bestia apocalíptica, un déspota de luctuoso origen, una hipérbole paternalista de la que sólo es dable renegar. Aun en su relación con los únicos tres seres que aparentemente lo conmueven (su madre Bendición Alvarado, su amor irrealizado Manuela Sánchez, su amor realizado Leticia Nazareno) el personaje se las arregla para mantener su pétrea condición.

Es así que la "santa civil" Bendición Alvarado, más que una santa es una socia; la etérea Manuela, ante aquel extraño amor ("sus antiguos pretendientes habían muerto uno después del otro fulminados por colapsos impunes y enfermedades inverosímiles"), seco y reseco de tan distante y congelado, decide esfumarse en pleno eclipse de sol; y hasta el acto de amor con Leticia Nazareno, la exnovicia, se convierte en un acto fecal.

Es posible creer en los dictadores de Roa y Carpentier; en cambio, es virtualmente imposible creer en el de García Márquez. Más que un personaje, es una idea feroz.

Sólo como idea puede un individuo, así sea un tirano, llegar a ser tan rigurosamente destructivo. Y se da entonces esta paradoja: como el lector no puede creer en este dictador tan maldito, su imagen resulta considerablemente menos real que la de los respectivos déspotas de Roa Bastos y Carpentier.

El protagonista de *El otoño* es tan cruel que da lástima; los de las otras dos novelas no son monstruos, sino símbolos del poder absoluto. El hecho de que tengan su "lado humano" los hace más verosímiles, y esa verosimilitud los vuelve, paradójicamente, más terribles. En un antiguo pero revelador reportaje que le hizo Armando Durán, dijo García Márquez: "A un escritor le está permitido todo, siempre que sea capaz de hacerlo creer."[3] En *Cien años de soledad* —verdadero desafío a la credulidad— el autor fue fiel a aquella máxima: nos lo hizo creer, y por eso se lo permitimos todo. Ahora, en *El otoño*, vaya a saber por qué, la historia resulta mucho menos creíble. Los nuevos rumbos requieren un ritmo, tienen también sus leyes. Joyce abrió con su *Ulysses* una nueva y colosal posibilidad a la novela de este siglo, pero en *Finnegan's Wake* le exigió a su instrumento más de lo que éste permitía, y el experimento en cierto modo se malogró. García Márquez, justamente engolosinado con su capacidad de fabular y de hacer creer que Remedios, la bella, subía efectivamente al cielo, intenta ahora quemar etapas imaginativas y trae a la mesa de los conspiradores el cadáver del egregio general de división Rodrigo de Aguilar

en bandeja de plata puesto cuan largo fue sobre una guarnición de coliflores y laureles, dorado al horno, aderezado con el uniforme de cinco almendras de oro de las ocasiones solemnes y las presillas del valor sin límites en la manga del medio brazo, catorce libras de medallas en el pecho y una ramita de perejil en la boca, listo para ser servido en banquete de compañeros por los destazadores oficiales ante la petrificación de horror de los invitados que presenciamos sin respirar la exquisita ceremonia del descuartizamiento y el reparto, y cuando hubo en cada plato una ración igual de ministro de la defensa con relleno de piñones y hierbas de olor, él dio la orden de empezar, buen provecho señores.

Haber imaginado esa rotunda exageración es, sin duda, un lujo narrativo (ya querría el subpatriarca Pinochet recibir en bandeja de plata a alguno de sus generales al *spiedo*) pero hay momentos en que la economía de un relato no permite dispendios suntuarios. Como lector, me divierto con ese alarde de pantagruelismo político, pero no puedo creer en su exageración descomunal. No descarto que ese hecho haya sucedido efectivamente en América Latina (cosas tan insólitas como ésas han tenido lugar, eso hay que decirlo en descargo de García Márquez), pero ni siquiera la constancia de que haya efectivamente sucedido da certificado de verosimilitud a una transcripción literaria. A veces el lector está dispuesto a creer una peripecia que desafía, o contradice, todas las leyes físicas, y en cambio se resiste a admitir una anécdota de estricto basamento en la realidad. Aunque a algún lector pueda resultarle extraño, en novela hay que ser muy verídico para mentir. Lamentablemente, en el episodio antes mencionado, y en algún otro, García Márquez no es suficientemente veraz para engañarnos y hacer que admitamos el engaño. Como Joyce en *Finnegan's Wake*, García Márquez le exigió a su instrumento literario más de lo que éste permitía.

En otra entrevista, ésta más reciente, concedida a Ernesto González Bermejo, al preguntarle el periodista sobre la estructura de *El otoño*, García Márquez responde: "Te digo que no tiene tiempos muertos, que va de lo esencial a lo esencial, que es tan trabajado que hubo veces en que me di cuenta de que me había olvidado de algo y no encontraba cómo meterlo".[4] Ese autodiagnóstico es rigurosamente cierto, pero quizá resida ahí la paradójica debilidad del libro: una novela (el precursor Quiroga bien lo sabía) no puede tratar sólo de cosas esenciales. El cuento sí acepta ese rigor, y el propio García Márquez tiene en su haber algunos ejemplos notables, verbigracia "La siesta del martes" o "La prodigiosa tarde de Baltazar". No sé si una novela precisa "tiempos muertos" pero sí necesita períodos de descanso, a fin de que el lector se tome un respiro y la próxima y esencial instancia no lo encuentre fatigado. Más que un hilo argumental, el de *El otoño* es una cuerda tendida sobre un abismo. Así como en *La mala hora* el tiempo externo de la novela es aproximadamente una hora, en *El otoño* es de una extensión poco menos que infinita, y —lo más riesgoso— esa infinitud no empieza en la infancia, ni siquiera en la madurez, sino en la decrepitud del personaje. Es algo así como una operación anti Juvencia, ya que en vez de buscar el secreto de la eterna juventud, parece buscar el de la eterna vejez. (También los *patriar-*

cas de Roa y Carpentier son viejos, pero el punto de vista del personaje, cuando recuerda, no es siempre y obligadamente decrépito.)

En un polémico y agudo ensayo,[5] el colombiano Jaime Mejía Duque hace una acertada observación sobre la novela de su compatriota:

La hipérbole, recurso activo, al aglomerarse por sobre el límite que la economía de la expresión le fija internamente (su legalidad estética), se neutraliza en una especie de parálisis del relato, que se vuelve así reiterativo y ornamental, se congela para tornarse en una imagen, la *Misma*, multiplicada en el espejo de un agua inmóvil: la Gran Tautología. Esta última bien podría, pese a la advertencia de los filósofos, constituir un "género literario", pero un género sin porvenir, nacido para fructificar una sola vez —de sorpresa, de asombro— en un libro único, cuando más. Como la pornografía, la hipérbole nace destinada a languidecer pronto en el bostezo de un hastío sin fondo. El talento plástico y jocundo del escritor arriesga encontrar en ella su trampa definitiva. Por eso la cantidad de texto no agrega nada. Un capítulo será el libro entero y lo será en todo lo que el libro pueda contener de novedad y de repetición, de plenitud y de vacío, porque lo tautológico —versión sustancial de lo cuantitativo— es infinitud sin progresión, finitud repetida en la cual no hay salto alguno hacia lo diverso y enriquecedor ... El lector se vuelve indiferente al recurso exterior, le va invadiendo una impresión de monotonía, se encoge de hombros y es como si pensara: bueno, pues las vacas deambulan por el salón de audiencias, se comen las cortinas de terciopelo y las alfombras, sestean en la ilusoria pradera de los gobelinos, etc., y el Patriarca manda que sea de día en plena noche, etc. ¿y qué...?

O sea, que —para emplear el término clave del ensayo de Mejía Duque— la *desmesura* de la imagen, al quitarle vaivén y expectativa a la anécdota, no sólo monotoniza el recurso, sino que además deja al descubierto una retórica que en *Cien años de soledad* había sido genialmente camuflada por la fruición de la peripecia y la invención verbal. No hay novela sin retórica, eso está claro (aun novelistas removedores, como Proust, Joyce o Faulkner, si bien rompen con una retórica, se las arreglan para fundar una nueva), pero el arte del escritor es saber esconderla, disimularla a la vista del lector, o en todo caso hacérsela olvidar merced a otros focos de interés.

Cien años de soledad tenía por supuesto su retórica interna, pero ¿a quién le preocupaba o molestaba?

4

También tienen su retórica *El recurso del método* o *Yo el Supremo*, pero en estas novelas, aunque la forma, la palabra y la estructura son componentes de su logro final, la *vedette* del relato no es ninguna de ellas, sino la *situación* del protagonista. El interés humano supera largamente los demás alardes y planificaciones. Ambas novelas, en relación con *El otoño* significan que, aun en la categoría de los mejores narradores latinoamericanos, lo *real maravilloso* le ha empezado a sacar ventajas al llamado *realismo mágico*.

En *Cien años de soledad*, García Márquez todavía estaba a caballo entre ambas tendencias; en *El otoño* ha optado decididamente por la segunda. Carpentier (a quien se debe que lo *real maravilloso* haya encontrado su nombre) y Roa Bastos, asumen, en cambio, los milagros que dócil o arduamente proporciona la historia, ese archivo de realidades, y los desarrollan con la mayor flexibilidad de que dispone la imaginación cuando no corta sus amarras con lo verosímil. En este punto hay que reconocer que, antes aún de la aparición de *El otoño*, el crítico venezolano Alexis Márquez había señalado esta diferencia entre García Márquez (el de *Cien años*, claro) y Alejo Carpentier (fundamentalmente, el de *El reino de este mundo*):

> Como se ha visto, el *realismo mágico* supone una intervención del artista diferente de la que corresponde a lo *real-maravilloso*. No se trata, sin embargo, de diferencias jerárquicas. Son, sin más, procedimientos distintos. No se podría decir que uno tenga más valor que otro... Seguramente la reacción del lector cuando lee el pasaje de la levitación en *Cien años de soledad*, de García Márquez, será distinta de la que le produce la lectura del pasaje de *El reino de este mundo* en que Mackandal, sometido y condenado a muerte, es *visto* por el pueblo que *creía en él* salir volando convertido en ave cuando estaba siendo quemado vivo. En la obra de García Márquez hay una *elaboración fantasiosa* de una escena basada, ciertamente, en una creencia popular. Carpentier, en cambio, no *elabora* un suceso fantástico, sino que se limita a trasmitirlo al

lector tal como las crónicas de la época lo registraron. En este último caso hay también, por supuesto, una elaboración estética. De otro modo el relato de Carpentier no se diferenciaría de la crónica o la narración histórica. Mas se trata de una elaboración distinta de la de García Márquez, ubicable, esta última, dentro del *realismo mágico*. La elaboración por parte del cubano, como hecho artístico, supone un desafío a lo estético, a la necesidad de dar al lector una versión de los hechos, objetivamente ocurridos, dentro de los lineamientos del arte. La elaboración de García Márquez, también obediente, desde luego, a una necesidad estética, supone más bien un desafío a lo fantástico, a la imaginación fantasiosa. En el *realismo mágico* la *magia* está en el artista. En lo *real maravilloso* la *maravilla* reside en la realidad.[6]

En su nueva novela, Carpentier apela, incluso para burlarse cordialmente de Descartes, al *recurso del humor*. Su procedimiento entronca con el de la *novela picaresca*, pero, como era previsible, en este caso la mirada del escritor es considerablemente menos ingenua que la de los clásicos del género. Alejo escribe desde una revolución, y en un revolucionario no cabe la ingenuidad, particularmente cuando se introduce en un tema político. "Mi pícaro, en este caso", ha dicho Carpentier en un reportaje publicado en México, "se llama sencillamente el Primer Magistrado de la nación, que como tal vive y revive lo que fueron las vidas de los más famosos tiranos ilustrados del continente".[7] En *El recurso* (más claramente aún que en *Yo el Supremo*, pero menos esquemáticamente que en *El otoño*) hay un juicio implícito que planea sobre cada proceder del Primer Magistrado, y ese juicio implícito se llama *ironía*. Para Carpentier, el afilado humor es una herramienta literaria, tan válida como cualquier otra. Gracias a su festiva imaginería, la novela desmitifica un sistema retrógrado y cruel. En América Latina, es difícil sobrevivir al ridículo, máxime cuando el juicio demoledor es ejercido desde la razón y la justicia. El chiste que parte de la clase dominante puede hacer reír, pero tiene vida breve; en cambio, la burla que arranca del pueblo, en el camino se va enriqueciendo y depurando. Puede empezar en un chascarrillo y terminar en un ataque a Palacio.

El humor se constituye así en un decisivo recurso de *El recurso*. Es a golpes de humor que Carpentier va signando y definiendo la imagen de su protagonista. Hay, en primer término, una suerte de burla autocrítica.

21

Muchas veces se ha destacado, con razones y ejemplos generalmente válidos, el carácter barroco de la narrativa de Carpentier. Pues bien, en *El recurso* el barroquismo aparece como un exceso del protagonista. El Primer Magistrado se pone pesado cuando se vuelve barroco. En su famosa entrevista con el Estudiante, llega a decirse a sí mismo: "Cuidado: he vuelto a caer en el idioma floreado." Carpentier usa inteligentemente esa circunstancia para tomar distancia, no sólo con respecto a la época en que transcurre la novela (como señalé al principio), sino también con relación a una característica propia. Esa implacable caricatura del barroco que es la prosa verbal del Primer Magistrado convierte por contraste en despojado y sustancial el actual estilo del narrador-testigo. Pocas veces Carpentier ha logrado un lenguaje tan pleno de hallazgos, pero asimismo tan sostenidamente inteligible y funcional, como el de *El recurso*.

El humor es en la novela un moderador (y hasta un exponente) ideológico. Trozos como el del numeral 10, cuando menciona a ciertos arquitectos que sólo pensaban "en la estética particular de su fachada, como si hubiese de ser contemplada con cien metros de perspectiva, cuando las calles, previstas para el paso de un solo coche de frente —de una recua, de un tren de mulas, de un carretón— sólo tenían seis o siete varas de ancho", constituye algo así como una metáfora-ensayo, ya que a través y a partir del cotejo imaginero, se construye (a pesar de la terminología municipal) un enfoque más sociológico que urbanístico. Dando vuelta la página, se asiste a esta nómina exultante de los progresos capitalinos:

> Todo era apuro, apresuramiento, carrera, impaciencia. En unos pocos meses de guerra, se había pasado del velón a la bombilla, de la totuma al bidet, de la garapiña a la coca-cola, del juego de loto a la ruleta, de Rocambole a Pearl White, del burro de los recados a la bicicleta del telegrafista, del cochecillo mulero —borlas y cascabeles— al Renault de gran estilo que, para doblar las esquinas angostas de la urbe, tenía que realizar diez o doce maniobras de avance y retroceso, antes de enfilar por un callejón recién llamado "Boulevard", promoviendo una tumultuosa huida de cabras que todavía abundaban en algunos barrios, pues era buena la yerba que crecía entre los adoquines.

En esa apretujada pero chispeante síntesis, ya están presentes los albores del consumismo, y cualquier lector avisado puede captar que la mirada no sólo es burlona, sino también implacable. Y basta avanzar unas pocas líneas en ese inventario de "progresos" para hallar esta ironía que trasciende sus límites naturales y se convierte en denuncia: "Y hubo torneos de bridge, desfiles de modas, baños turcos, bolsa de valores y burdel de categoría, donde era vedada la entrada a quien tuviese la piel más oscura que el Ministro de Obras Públicas —tomado como paradigma de apreciación, ya que, si no era la oveja negra del Gabinete, era, indudablemente, su oveja más *tostada*."

Es claro que en ocasiones el humor tiene una importancia aislada, válida en sí misma, sin otras implicaciones. Así el caso de la culebra cascabel que se cuela en el concierto, "pero siempre, vista a tiempo por el cellista que, de todos los músicos, es el que más mira al suelo, la serpiente era muerta de un golpecito dado certeramente en su lomo con el dorso del arco —*col legno*, como se dice en leguaje técnico. . ." O cuando el Agente Consular interrumpe la jeremiada del ya entonces Ex, para decirle: "No se cante tangos con letra de Réquiem." Son bromas independientes, sin sostén ideológico (no hay que olvidar que el chiste del Réquiem lo hace un yanqui), pero con una gracia claramente resuelta.

En medio de una crisis gubernamental, el Primer Magistrado da comienzo a una sesión de gabinete. Todo es pobre solemnidad, compostura obsecuente, retórica adulona. De pronto el falso orden estalla: " 'La bragueta y perdone' , dijo Elmira al Ministro de Comunicaciones, advirtiendo que la tenía abierta."

La utilización del humor en *El recurso* es una nueva muestra de la madura eficacia de Carpentier, sobre todo porque le permite construir una novela política que no parece serlo. El relato es de un rigor (la discusión, en el numeral 15, entre el Primer Magistrado y el Estudiante, es en ese sentido una joya dialéctica), de una objetividad tal, que llega a poner argumentos muy atendibles en boca del dictador o en la del Agente Consular. Es mediante el ejercicio del humor que Carpentier, de una manera increíblemente astuta, subjetiviza, o más bien *desobjetiviza*, la novela desde un punto de vista ideológico. Graziella Pogolotti ha visto sagazmente este matiz:

Corresponde ahora a la ironía favorecer un ambivalente distanciamiento. Subraya lo grotesco y lo ficticio, pero ello procede de un autor cómplice, que se siente formando parte de esa realidad, implicado en ella como nunca antes. Porque si se trata de dilucidar en términos artísticos la naturaleza de ciertos problemas políticos de la América Latina, el subtexto más íntimo del libro prosigue el viejo debate sobre las posibilidades y el significado de la acción, sobre las relaciones entre vida y cultura en el contrapunto Europa-América.[8]

Esta *complicidad*, este formar parte de una realidad, que señala Pogolotti, no contradice sino que confirma algo que señalé al principio: el tiempo de hoy está siempre inserto en la mirada del narrador. Sin la revolución en que el autor está inmerso y que mira por sus ojos actuales, Carpentier no podría sentirse *distante* y *cómplice* a la vez: sólo la distancia permite el juicio y la comprensión de la complicidad.

Ahora bien, el marxista leninista que hay en Carpentier no aparece agitando consignas como pancartas, ni adjudicando al Estudiante (seguramente el personaje más cercano al pensamiento político del autor) parrafadas panfletarias, sino más bien dejando caer, aquí y allá, burlas y sarcasmos, y en ocasiones meras pinceladas alegres, que actúan como fijadores y hasta como instrumentos de persuasión. Es curioso observar que, siendo *El recurso* una novela que en el fondo es mucho más *política* que *El otoño*, no padece del maniqueísmo (sutil, bien adornado, prodigiosamente escrito, pero maniqueísmo al fin) que aflora frecuentemente en la novela de García Márquez. Cotejar ambos resultados, ya no desde el punto de vista literario, sino desde una perspectiva política, es por cierto una aprovechable lección para más de un joven escritor revolucionario que cree que una obra literaria puede formarse con la simple yuxtaposición de consignas, o dividiendo esquemáticamente el mundo entre progresistas y reaccionarios (que han venido a sustituir a los *ángeles y demonios* de otros maniqueísmos). La realidad muestra que la vieja y sabrosa fábula de Stevenson sobre el Dr. Jekyll y Mr. Hyde, sigue teniendo una increíble vigencia. Aun el mejor revolucionario puede detectar en sí mismo —como lo hace con ecuanimidad el Estudiante— sus tentaciones y debilidades. Aun un maniático del poder, como el Primer Magistrado de *El recurso*, tiene su "corazoncito". Desde una perspectiva simplemente literaria, la novela de Carpentier tal vez no sea, como lo señalé al comienzo, la mejor de sus novelas, pero como propuesta de *novela política*, me parece un verdadero paradigma, sobre todo porque cumple una ley que, si bien parece elemental, rara vez es observada por el escritor comprometido o militante (quizá el otro ejemplo reciente y notorio sea el excelente *Mascaró*, del argentino Haroldo Conti): la *novela* que lleva implícita una propuesta política, debe cumplir primero con las leyes novelísticas. Debe existir primero como novela, a fin de que ese nivel cualitativo sirva de trampolín para el salto ideológico. De lo contrario, la propuesta política se volverá frustración o salto en el vacío.

Un ejemplo para terminar con este aspecto. La mejor definición sobre el Estudiante la dice, en el numeral 18, el Agente Consular, o sea, quien está en los antípodas de la revolución: "Es hombre de nueva raza dentro de su raza."

5

Tampoco en Roa Bastos había sido el humor un recurso primordial de sus narraciones anteriores. Ahora, en *Yo el Supremo*, sin llegar a constituir una primera prioridad, el humor es sin embargo un elemento esencial que el autor pone al servicio de su tarea mayor: el tratamiento (y desecación) del mito del poder absoluto. En medio de ese colosal fárrago de ideas y delirios que es el gran monólogo del Supremo, Roa apela a un humor que es creación verbal: "almastronomía", "panzancho", "greengo-home", "clerigallos", "historias de entretén-y-miento", "uno rasga la delgada telita himen-óptera", "contra la cadaverina no hay resurrectina", etc., son apenas algunas de las incontables invenciones verbales, sólo comparables a las que Joyce primero, y Guimaraes Rosa después, incorporaron al consumo literario. Pero el humor del Supremo es sobre todo implacable escarnio. Su monumental discurso eleva de pronto el libelo a la categoría de obra maestra. Pocas veces se ha visto en la literatura universal, y menos aún en la latinoamericana, un manejo tan artísticamente logrado del agravio, el sarcasmo y la blasfemia. Quizá la clave de esta proposición, que también es estética, la haya encontrado la hispanista británica Jean Franco, quien al comentar la novela, señala que "el purgatorio del dictador es que sólo vive en el lenguaje de los otros, de modo que aun su autojustificación es apenas una respuesta a las acusaciones".[9] Ese carácter de *respuesta* es probablemente el que mejor explica el rencor de la invectiva. Testigos verídicos, pero también cronistas semiveraces y hasta calumniosos, sembraron la historia paraguaya y las notas viajeras de contradictorias imágenes del doctor Francia, el Supremo. El propósito de Roa Bastos consta en una entrevista que concedió en Lima:

> Yo creo que la manera de leer la Historia exige una serie de exploraciones nuevas a cada lectura ... Creo que la Historia está compuesta por procesos y lo que importa en ellos son las estructuras significativas: para encontrarlas, hay que cavar muy hondo y a veces hay que ir contra la Historia misma. Eso es lo que yo he intentado hacer y es lo que más me costó en la elaboración del texto: este duelo, un poco a muerte, con las constancias documentales, para que sin destruir o anular del todo los referentes históricos, pudiera, sí, limpiarlos de las adherencias que van acumulando sobre ellos las crónicas, a veces hechas con buena voluntad pero con mucha ceguera.[10]

La del autor es, por lo tanto, una doble faena: rehacer de alguna manera la verdadera historia, y otorgar a la reconstrucción una dimensión rigurosamente novelesca. La hazaña de Roa es haber triunfado sobre el desafío que él mismo se impuso.

Es interesante releer ahora unas reveladoras palabras del protagonista-testigo de *Hijo de hombre*, la anterior novela de Roa: "Mi testimonio no sirve más que a medias. Ahora mismo, mientras escribo estos recuerdos, siento que a la inocencia, a los asombros de mi infancia, se mezclan mis traiciones y olvidos de hombre, las repetidas muertes de mi vida. No estoy reviviendo estos recuerdos, tal vez los estoy expiando." ¿No podría ser ésta una adecuada síntesis del gigantesco monólogo del Supremo? ¿Qué cosa es esta novela sino una Gran Expiación, un largo y pormenorizado recorrido por las repetidas muertes de una vida? De los tres grandes personajes que considero en este trabajo, el Supremo me parece la única figura (a pesar de los rasgos de oscuro humor antes señalados) que tiene una indudable dimensión trágica. Más que la influencia de otros novelistas, del pasado o del presente, veo aquí la presencia de los grandes trágicos griegos. Con sus contradicciones, con su sentido absoluto del poder, con sus constantes desafíos al destino, el Supremo podría haber sido un personaje de Esquilo o de Sófocles. Y hasta ese retorcido escriba Patiño (a quien podría aplicarse sin desperdicio el retruécano que, en la novela de Carpentier, consagra Ofelia a Peralta, el amanuense del Primer Magistrado, cuando éste lo llama "Maquiavelo de bolsillo" y ella retruca: "Ni eso: si acaso el bolsillo de Maquiavelo") cumple a veces la función de coro griego.

Hay un lenguaje sobrehumano en ciertas constancias del Supremo: "YO no soy siempre YO", "YO no me hablo a mí", "YO he nacido de mí", "YO no escribo la historia. La hago", y particularmente este párrafo impecable:

> Estar muerto y seguir de pie es mi fuerte, y aunque para mí todo es viaje de regreso, voy siempre de adiós hacia adelante, nunca volviendo ¿eh? ¡Eh! ¿Crecen los árboles hacia abajo? ¿Vuelan los pájaros hacia atrás? ¿Se moja la palabra pronunciada? ¿Pueden oír lo que no digo, ver claro en lo oscuro? Lo dicho, dicho está. Si sólo escucharan la mitad, entenderían el doble. Yo me siento un huevito acabado de poner.

Varias veces se ha hablado, a propósito de *El otoño*, de "la soledad del poder". Pero tal vez no exista (al menos, en la región literaria) un poderoso más solo, más obstinadamente solo, que el Supremo. Hasta Sultán, el perro viejo que lo acompaña con hostil lealtad, es, como él, "misógino y cascarrabias". Allá por la página 156, el Supremo recuerda una frase del Aya, que es un prodigio de síntesis: "Nadie sabe desertar de su desgracia." El poder es (entre otras cosas) la desgracia del Supremo, una malaventura de la que desertará sólo con la muerte, cuando Él (en una dualidad que es también formidablemente teatral) venga a llevarse al YO: "Está regresando. Veo crecer su sombra. Oigo resonar sus pasos. Extraño que una sombra avance a trancos tan fuertes. Bastón y borceguíes ferrados. Sube marcialmente. Hace crujir el maderamen de los escalones. Se detiene en el último. El más resistente. El escalón de la Constancia, del Poder, del Mando." Desertará del poder con la muerte, pero el poder lo acompañará hasta el último escalón de la desgracia, que para él es casi sinónimo de vida. Sólo los pueblos pueden desertar de su desgracia. Eso se llama revolución, claro. Algo que de alguna manera avizoró Roa Bastos, cuando expresó en relación con su novela última: "*Yo el Supremo* me acercó a uno de los hallazgos más fértiles de mi vida de escritor: que los libros de los particulares no tienen importancia; que sólo importa el libro que hacen los pueblos para que los particulares lo lean."[11] *Yo el Supremo* es, aunque suene extraño, una objetivación del subjetivismo, o sea la historia de un subjetivismo llevado a extremos casi inverosímiles (hay trozos en que sólo la historia, presente en los documentos al pie de página, les da patente de credibilidad) y esa monstruosa suma de poder acaba siendo una resta: la tremenda disminución del no-poder. La lucidez con que el Supremo ve, en ciertas instancias de su vida, las claves de transformación política capaces de convertir a su dolido Paraguay en una nación hecha y derecha (como simple curiosidad, vale la pena citar este fragmento de *El recurso*, donde el Primer Magistrado parece tenderle una mano, o quizá una garra, al Supremo colega: "Sí, por caprichosa voluntad del Todopoderoso, las carabelas de Colón se hubiesen cruzado con el *Mayflower*, yendo a parar a la isla de Manhattan, en tanto que los puritanos ingleses hubiesen ido a parar al Paraguay, Nueva York sería hoy algo así como Illescas o Castilleja de la Cuesta, en tanto que Asunción asombraría al mundo con sus rascacielos, Times-Square, Puente de Brooklyn, y todo lo demás") no alcanza a justificar, ni mucho menos a hacer plena su existencia. El poder, con todas sus tentaciones de arbitrariedad, de injusticia, de crueldad, de corrupción, de omnipotencia, nubla y perturba esa lucidez, desgasta y finalmente deteriora aquella generosa voluntad de servir, convierte al portavoz de un pueblo en la aguardentosa voz de un viejo agonizante y rencoroso. Por eso, las verdades manifiestas (por ejemplo, la tan compartible que figura en la página 385: "He dicho y sostengo que una revolución no es verdaderamente revolucionaria si no forma su propio ejército; o sea si este ejército no sale de su entraña revolucionaria. Hijo generado y armado por ella") dejan paso a los odios, al rencor incubado y crecido, a la egolatría sin freno.

Uno de los más evidentes méritos de Roa ha sido no caer en el primario sectarismo de algunos historiadores, que satanizan o angelizan a las figuras de cierta dimensión temporal. El novelista paraguayo pone sobre el tapete los datos de que dispone, y sobre esos datos monta su aparato imaginativo. Pero el lector no tiene nunca la impresión de estar asistiendo a una prodigiosa mentira, sino tan sólo a la provocativa, inteligente prolongación de las coordenadas de la realidad.

6

Quizá valga la pena, para terminar esta tentativa de interrelacionar los tres libros, preguntarnos el porqué del tema común, y sobre todo el porqué de la asunción simultánea de ese tema. El déspota (que es *ilustrado* en dos de las novelas, y todo lo contrario en *El otoño*) es todavía hoy una presencia infamante en esta América. Los Pinochet, los Bordaberry, los Stroessner, los Banzer, los Somoza, los Duvalier *Junior*, son los actuales representantes del despotismo no ilustrado. Su erudición es la tortura, su recurso es el terror. Como el Patriarca de García Márquez, el ínfimo Bordaberry podría decir: "Nadie se mueva, nadie respire, nadie viva sin mi permiso", pero naturalmente debería agregar: "Y sobre todo, sin el permiso de los militares que me dan permiso." Como el Primer Magistrado de Carpentier, Pinochet podría decir: "En materia de Cárcel, nos habíamos adelantado a Europa —lo cual era lógico, puesto que, estando en el Continente-del-Porvenir, por algo teníamos que empezar. . ." Como el Supremo de Roa Bastos, (aunque a años luz de la preocupación de Francia por su pueblo) Stroessner podría decirse a sí mismo: "Lo que te ha sucedido es nada en comparación con lo que no te ha sucedido."

Que tres notables novelistas como García Márquez, Carpentier y Roa Bastos, hayan coincidido en elegir la figura (promedial o histórica) de un dictador del pasado, es un categórico juicio sobre el presente, desgraciadamente pródigo en esos padres putativos de la tortura que, como el personaje de Roa Bastos, admiran al "matador de cisnes, ese extraño asesino que mata a los cisnes para oír su último canto". Pero también es un alerta sobre el futuro. Tal presencia, la del déspota ignorante o ilustrado, es sin duda el común denominador más evidente. Pero hay otro, menos espectacular, más silencioso aunque quizá menos perecedero: el pueblo, o mejor los pueblos, que en las tres novelas son algo así como el papel de la página, porque sin ellos no existiría la letra ni la peripecia que esa letra narra. Bajo el látigo o bajo el delirio, bajo las botas o bajo la tierra, el pueblo (las más de las veces como un silencio anónimo) está presente en las tres obras. En mazmorras, en mercados, en ese formidable paro general hecho también de silencio (en *El recurso*) en la muchedumbre frenética que (en *El otoño*) se echa a las calles "cantando los himnos de júbilo de la noticia jubilosa" del óbito del Patriarca por fin llegado a su mortal invierno; y, por último, en las treguas no descritas, en las omisiones del discurso supremo (en la novela de Roa).

De las tres novelas, la que tiene una propuesta política más revolucionaria es indudablemente *El recurso;* no por azar es la única en que el dictador es derrocado. En las otras dos (reconociendo que la de Roa obedece obligadamente a un itinerario histórico), la soledad del poder sólo acaba con la compañía de la muerte. Pero en las tres el pueblo permanece como un fondo imperecedero, capaz de tener la inconmensurable paciencia de esperar la hora de su libertad, y capaz también de generar los libertadores que aceleren la llegada de esa ocasión, a la que ya no pintan calva. Entonces sí, como decía Roa Bastos, "los libros de los particulares" no tendrán importancia y sólo importará "el libro que hacen los pueblos para que los particulares lo lean". Tal vez no haya que aguardar hasta un remoto futuro. De alguna manera estas tres novelas han sido escritas por los pueblos, y García Márquez, Carpentier y Roa Bastos sólo son los *particulares* (o más bien las partículas del pueblo) que, al leerlas con su mirada-testigo, las restituyen a la comunidad que les dio origen.

NOTAS

1 Carta a Arnaldo Orfila Reynal, fechada en París, el 15 de marzo de 1974. (Citada por Jaime Labastida en su artículo "Alejo Carpentier: realidad y conocimiento estético. Sobre *El recurso del método"*, *Casa de las Américas*, La Habana, núm. 87, noviembre-diciembre de 1974.)

2 Art. cit.

3 "Conversaciones con Gabriel García Márquez", *Revista Nacional de Cultura*, Caracas, núm. 85, julio-agosto-septiembre de 1968

4 "Gabriel García Márquez: la imaginación al poder en Macondo", *Crisis*, Buenos Aires, núm. 24, abril de 1975.

5 *El otoño del patriarca, o la crisis de la desmesura*, Medellín, Editorial La Oveja Negra, 1975.

6 "Dos dilucidaciones en torno a Alejo Carpentier", *Casa de las Américas*, núm. 87, noviembre-diciembre de l974.

7 En "Diorama", supl. de *Excelsior*, México, 14 de abril de 1974.

8 "Carpentier renovado", *Casa de las Américas*, núm. 86, septiembre-octubre de 1974.

9 "Paranoia in Paraguay", *The Times Litterary Supplement*, Londres, 15 de agosto de 1975.

10 "Escarbando a un Dictador: *Yo el Supremo*", *La Prensa*, Lima, 4 de febrero de 1975.
11 Cit. por Rogelio Marín, en "Los papeles de la vida", *Nuestra palabra*, Buenos Aires, 25 de septiembre de 1974.

II. El escritor y la crítica en el contexto del subdesarrollo

1

Empecemos por una cita básica de Martí:

> No hay letras, que son expresión, hasta que no hay esencia que expresar en ellas. Ni habrá literatura hispanoamericana hasta que no haya Hispano-América.[1]

Esto fue escrito en 1881. Probablemente el mismo Martí estaría hoy de acuerdo en que ahora sí hay esencia para expresar en nuestras letras, quizá porque, así sea a tropezones y a sacrificios, ha comenzado a existir una América hispánica, o más ampliamente, una América Latina, o más exactamente aún, una América nuestra, como el mismo Martí la bautizó para siempre. Y es obvio que esta América ha comenzado a existir en la medida en que ha luchado por su ardua descolonización y por su verdadera independencia.

Dos clásicos del pensamiento latinoamericano, como lo fueron el dominicano Pedro Henríquez Ureña y el peruano José Carlos Mariátegui, dieron en el clavo y en la clave, al titular respectivamente sus libros más significativos como *Seis ensayos en busca de nuestra expresión* y *Siete ensayos de interpretación de la realidad peruana*, ya que una crítica propiamente latinoamericana debería considerar, como tareas prioritarias, la búsqueda de nuestra expresión y la interpretación de nuestra realidad. No sólo hemos sido colonizados por los sucesivos imperialismos que se han ido pasando América Latina como en una carrera de postas; también lo hemos sido por sus respectivos patrones culturales, y últimamente, como bien lo señalara Roberto Fernández Retamar, algunos de nuestros críticos han sido colonizados por la lingüística.

Una de las típicas funciones de éstos y otros misioneros culturales ha sido la de reclutarnos para el ahistoricismo. En consecuencia, un deber de nuestra ensayística, de nuestra crítica, de nuestra historia de ideas, será el de vincularnos a nuestra historia real, no de modo obsecuente ni demoledor; simplemente, vincularnos a ella para buscar allí nuestra expresión (tantas veces sofocada, calumniada, malversada, teñida), como el medio más seguro de interpretar y asumir nuestra realidad, y también como una inevitable y previa condición para cambiarla.

Por suerte, esa crítica ya ha empezado a hacerse. Algunos ensayos del colombiano Jaime Mejía Duque, del brasileño Antonio Candido, del peruano Antonio Cornejo Polar, del cubano Fernández Retamar (particularmente *Calibán*), del chileno Nelson Osorio, del argentino García Canclini, publicados en los últimos años, plantean una dimensión y un punto de vista básicamente latinoamericanos, tanto en la crítica literaria como en la historia de las ideas; dimensión y punto de vista que de ningún modo desdeñan el aporte europeo (ésa sí sería una estupidez del subdesarrollo), más bien lo comparten o rechazan sin asomo de autocolonización, es decir, de igual a igual. "Injértese en nuestras repúblicas el mundo; pero el tronco ha de ser el de nuestras repúblicas", dijo el infalible Martí.[2]

De todas maneras, no deja de ser curioso que esta nueva actitud crítica empiece a esbozarse en América Latina en un momento que no parecería por cierto el más adecuado para la tranquila faena intelectual. No cabe duda de que, globalmente considerada, nuestra región es hoy una de las más sombrías y castigadas. Existen, en otras latitudes, focos de alta tensión, pero aquí no se trata de focos aislados sino de una vasta franja de fascismo dependiente, colonial, que llega de océano a océano y abarca, sólo en América del Sur, nada menos que seis países. Las amenazas, los secuestros, las prisiones, las torturas, el crimen, se ciernen sobre el desarrollo de estos pueblos, y también de los pueblos aledaños, ya que es inocultable el propósito irradiante de este fascismo semicriollo. En un pasado no tan lejano, la calidad de intelectual o artista solía servir de protección frente a semejantes calamidades. Ahora, en cambio, el terremoto ha sido violento y derribó incluso las torres de marfil, que por fortuna no eran antisísmicas. Nadie está exento, ni seguro: el poeta o el pintor, el cantante popular o el novelista, ya no constituyen una élite intocable, garantiza-

34

damente ilesa. Ni siquiera la fama sirve como escudo, e incluso llega a ser un riesgo adicional.

Que en medio de semejante fragor, haya todavía quienes se preocupen por ajustar y revitalizar la crítica literaria, movilicen ideas y se propongan interpretar nuestra realidad, es sin duda un síntoma de madurez y una saludable obsesión por mantener encendida, así sea en las peores condiciones y en plena conmoción política y social, la modesta llama de nuestra cultura.

El destino del escritor latinoamericano, salvo las excepciones que ni vale la pena nombrar, está hoy asimilado al de su pueblo. En este presente de fuego, cuando el novelista Haroldo Conti ha sido secuestrado y las esperanzas de recuperarlo se cubren de sombra; cuando el dramaturgo Mauricio Rosencof lleva casi cinco años de cárcel y torturas; cuando el poeta Francisco Urondo muere en combate (para sólo mencionar tres casos de escritores de primerísimo rango), ¿puede pensar alguien que nuestros enfoques, nuestros estudios y nuestros ensayos, vayan a ser rigurosamente asépticos, fríamente técnicos?

Ya llegará el instante del balance impecable, sin margen de error, sin desviaciones subjetivas; pero entretanto, mientras nos empecinamos, en sótanos o en exilios, bajo amenazas o sobre ascuas, en seguir buscando nuestra expresión o interpretando nuestra realidad, la historia de nuestras ideas será también la historia de nuestras actitudes, la teoría de nuestra literatura estará inevitablemente ligada a nuestra práctica de vida, nuestro pensamiento individual no podrá (ni querrá) desprenderse del pueblo al que pertenecemos.

Debo confesar que verme aquí ante ustedes, en este marzo de 1977 y en una de las grandes capitales de América, integrando un ciclo sobre crítica literaria latinoamericana, de a ratos me parece un poco irreal, casi como un encuentro entre fantasmas. Todos sabemos que son varios los países de América Latina donde no sólo sería descabellado planificar un ciclo sobre crítica literaria sino que sería increíble que un escritor publicara un libro, cualquier libro. Qué lejos han quedado aquellos tiempos en que el imperialismo sólo quería neutralizar a los intelectuales de América Latina y en consecuencia apenas los atendía con los saldos o desechos de las tristemente célebres Fundaciones. En su tratamiento del campo intelectual, el imperialismo fue cambiando sus procedimientos: comenzó empleando el Congreso por la

Libertad de la Cultura y terminó usando los Escuadrones de la Muerte. Quizá ello sea una lógica consecuencia de que los intelectuales y artistas también fuimos cambiando: empezamos aferrados a un concepto frágil de libertad burguesa y terminamos asumiendo, o por lo menos comprendiendo, la libertad revolucionaria. Éstos son cambios dolorosos, cambios difíciles. Pensemos por un momento que sólo en el rubro *poesía* hay por lo menos treinta latinoamericanos que perdieron sus vidas por razones políticas en los últimos años. Unos eran revolucionarios que esporádicamente hacían poesía, y otros eran poetas que de vez en cuando hacían revolución, pero todos escribían sus poemas y todos dieron la vida.

Son cambios difíciles, a veces duros de entender, pero también hay en esos cambios una afirmación que debemos identificar para así estar en condiciones de consolidarla. En realidad, si las fuerzas más retrógradas cambian el Congreso por la Libertad de la Cultura por los Escuadrones de la Muerte, ello quizá signifique que vamos por el buen camino; que ya no alcanza con neutralizarnos; que el intelectual latinoamericano, que el arte latinoamericano, que la cultura latinoamericana, han tenido su parte en la concientización de vastos sectores populares; que el artista y el escritor comparten hoy los riesgos de sus pueblos.

Pido excusas por introducir estos temas en un ciclo sobre un campo tan específicamente intelectual como la crítica literaria, pero de algún modo me justifico (y aspiro a que también ustedes me justifiquen) entendiendo que no es sobre la crítica literaria *en general*, sino sobre la crítica literaria *en América Latina*. Y en América Latina no hay ningún sector, ningún campo específico, que esté ajeno a lo político, a lo social, a lo económico; que, esté al margen de las luchas por la liberación. Hay quienes las impulsan y quienes intentan frenarlas, pero todos estamos comprometidos en ellas.

Si, en lo que me es personal, debo hablar del escritor y la crítica, ¿cómo olvidar que en estos momentos hay cientos o quizá miles de escritores y críticos latinoamericanos, que viven la dramática experiencia del exilio, con todas las inseguridades, desajustes, nostalgias y frustraciones, que esa expatriación acarrea en cuanto a vida cotidiana y formas de supervivencia, pero también en cuanto a oficio y vocación? El mero hecho de haber sido lanzados, en cualquier edad, a un contorno que no es el propio; la sola circunstancia de integrar esa América

Latina errante, ese gran pueblo a pedacitos, que a veces debe rodar de frontera en frontera, de aduana en aduana, de funcionario en funcionario, de policía en policía, siempre con la amenaza de la posible deportación antes de afincarse en algún sitio, todo ello genera un estremecimiento, un desacomodo, un desconsuelo, pero también incluye una dolorosa puesta al día con la realidad latinoamericana, con los arduos problemas que viven otros pueblos hermanos, y por último significa un encuentro con uno de los rasgos más conmovedores del ser humano: la solidaridad.

2

Hace un par de años, cuando aún trabajaba en Montevideo y dirigía el Departamento de Literatura Hispanoamericana de la Facultad de Humanidades y Ciencias, mi biblioteca personal tenía (un poco, debido a esa obligación docente, y otro poco, debido a los caprichos de mi gusto) unos seis o siete mil volúmenes. Eran los libros que había ido juntando en treinta años de lector, y allí habían quedado de algún modo registrados las modas y los desusos, las fobias y los deslumbramientos, las caducidades y las permanencias. Una biblioteca personal no es nunca la historia de la literatura universal, pero en cambio se parece bastante a la historia privada de quien la ha ido formando.

Durante mucho tiempo pensé que mi biblioteca y yo éramos inseparables, y aun sin acompañamiento de tango hubiera dicho: vivir sin ella nunca podré. Luego, al tener que exiliarme sucesivamente en dos o tres países, mi biblioteca fue descendiendo a unos pocos centenares de libros. La verdad es que, cuando llega el momento del exilio, uno puede llevar a cuestas buena parte de sus problemas, y en todo caso agregarle otros, pero en cambio no puede cargar con su biblioteca. De modo que he podido comprobar que mi tango mentía: realmente puedo vivir sin ella. Ni siquiera echo de menos esa parte de la biblioteca en la que todo escritor junta las distintas ediciones de sus propias obras, así como sus traducciones a diversas lenguas, y otros oropeles; algo que podría llamarse la *egoteca*.

A veces en la vida ocurren terremotos, y sólo cuando el piso acaba de moverse, uno advierte que, entre otras cosas, las nostalgias han cambiado de sitio. Por acogedora y solidaria que sea la gente del país en que uno esté, el exilio ocasiona inevitables desajustes. Y ahí viene la sorpresa. No contabilicemos los afectos personales; éstos, por supuesto, nunca pierden su prioridad. Pero, afectos aparte, ¿qué más razonable que un escritor sienta nostalgia de su biblioteca? Debo confesar que, para mi vergüenza, no es mi nostalgia prioritaria. A veces preciso un dato, claro, y lamento —por razones meramente profesionales— no tener a mano el libro adecuado para confirmarlo. Pero las nostalgias casi nunca son profesionales. Extraño mucho más las calles de mi ciudad, la cotidiana militancia de mis compañeros, algún café en que solía sentarme a media tarde, y si llovía a cántaros, mejor aún. En realidad, no tendría ningún inconveniente (y hasta lo he dicho en verso) en cambiar dos Shakespeares y tres Balzac por un atardecer en Malvín, mirando cómo las olas se rompen y vuelven a romperse en las rocas. Tampoco tendría inconveniente en cambiar todo Toynbee por un vistazo a la Vía Láctea montevideana, que no sé por qué es allí más luminosa que en ninguna otra parte, y hasta (esto ya es el colmo) cambiaría un *Fausto* en primorosa edición alemana, por echarle una ojeada al Palacio Salvo, edificio monstruoso si los hay, churrigueresco del subdesarrollo, que de tan horrendo ya me parece hermoso.

No crean que, al hablarles de mi biblioteca, me estoy apartando demasiado del tema, sobre todo en lo que éste tiene de inevitable testimonio personal. Durante muchos años escribí crítica: de libros, de teatro, de cine. Pero mis compañeros de este ciclo y del Centro "Rómulo Gallegos" saben mejor que nadie que la biblioteca personal es para el crítico una herramienta indispensable. "Sin Literatura no hay crítica", decía Alfonso Reyes, pero todos entendimos que eso también quería decir que no hay crítica sin biblioteca. O sea que no hay crítica sin información previa, sin lecturas cotejadas, sin citas corroborantes. De modo que al quedarme sin biblioteca tuve que cortarme, así fuera provisionalmente, mi coleta de crítico. Durante cuatro años no escribí crítica. Sólo ahora, al rehacer, mal que bien, alguna zona limitada de mi biblioteca, y sobre todo al tener a mano la muy completa de la Casa de las Américas, donde trabajo, he vuelto parcialmente al género. Pero aún así, siento que estos cuatro años son un espacio en blanco, del que tal vez nunca me recupere, y creo que me sentiría más tranquilo si ustedes decidieran atribuir a esa inevitable laguna la inorganicidad de esta charla.

3

Pese a estar condicionada por los rasgos bastante peculia-res que en nuestros países tiene la cultura como parte integrante de una situación de dependencia pero también de una encarnizada lucha por salir de ella, la relación entre escritor y crítica es, como en cualquier lugar del mundo, una ecuación profesional, que incluso puede llegar a ser cerradamente técnica, erudita, pero es tam-bién una relación social, una relación que tiene que ver con vaivenes políticos, fuerzas de represión, interrogantes de la comunidad, respuestas de la historia. Podemos ha-blar en términos exclusivamente literarios, formales, pero entonces no estaríamos hablando de la relación escritor-crítica *en América Latina*. Ni siquiera cabría ese aséptico enfoque al medir la relación valorativa entre la novela de un escritor latinoamericano, residente por ejemplo en Viena, y el juicio de un crítico latinoamericano, residente por ejemplo en París. Se me dirá que en un caso así no intervienen los acuciantes problemas del contexto latino-americano, porque éste queda lejos, desgajado del novelis-ta y amputado del crítico.

Sin embargo, la verdadera interdependencia no es tan exactamente previsible. Se trata, es cierto, de una rela-ción distinta de la que se da entre el escritor y el crítico cuando ambos viven en América Latina, pero de ningún modo es la misma que si ambos fueran europeos. Aun la literatura que hoy escriben los latinoamericanos que re-siden en Europa, está inexorablemente signada por la realidad de América Latina. En unos (especialmente aquellos que no fueron empujados a Europa por la re-presión política o la miseria económica, sino que eligie-ron libremente ese exilio cuando aún era posible elegir) la realidad latinoamericana suele aparecer como algo a ser negado y hasta vilipendiado, como una forzada justifica-ción de la expatriación voluntaria. Pero de todos modos aparece. En otros, América Latina existe como una nos-talgia, o quizá como una culpa, como un lugar en que deberían estar y no están. En otros más, la lejana reali-dad latinoamericana es emulsionada con la fantasía, a veces como una auténtica manera de revelarla, y otras ve-ces para disimular, así sea inconscientemente, las inse-guridades e inestabilidades que provoca la distancia.

En cuanto al crítico latinoamericano residente en Europa, es curioso comprobar cómo generalmente opta por una crítica formalista o estructuralista, aun para juzgar lo latinoamericano. Puede tratarse, naturalmente, de una vocación legítima, de una preocupación poco menos que científica sobre el fenómeno artístico, pero la abundancia de ejemplos autoriza por lo menos la sospecha de que en algunos casos el interés casi fanático en las formas, en las estructuras, en los significantes, puede ser una manera de eludir los contenidos, los referentes, los significados. O sea, de eludir los reclamos de la realidad.

Hay escritores latinoamericanos, y no sólo residentes en Europa, que escriben con la transparente intención de ser "leídos" por la crítica estructuralista. Sus obras quedan entonces desguarnecidas y no es para menos: si, por un lado, cierto pánico a la cursilería les hace escribir novelas-témpanos, por otro, aquel horror a la realidad circundante los lleva a escribir como si estuvieran alojados en cámaras herméticas, a prueba de sonidos y revoluciones. En ciertos casos, ese rasgo es tan visible, que resulta patético, y es oportuno señalar que en cualquier lengua y en cualquier época, ése ha sido un innegable signo de decadencia, de extenuación artística, de flojera, y dio pie a que en el siglo XVII Molière se ensañara con estos peronajes y los cubriera de ridículo.

Por legítimo que sea el respeto que un crítico le merece a un escritor, siempre será indecoroso que el escritor escriba con miras a las preferencias y los mecanismos del crítico. Quizá deba agregarse que por lo general el precio de ese oportunismo es un magro nivel artístico. Hay matices varios en el concepto de libertad a manejar por el intelectual; pero hay un rasgo inexorable, un campo en que no caben concesiones ni variantes, y es la irrestricta libertad del escritor para *formar* su obra, para encontrar su lenguaje y nuclear su contenido. Y es justamente el ejercicio pleno de esa libertad, por parte del escritor, lo que resulta más estimulante para el crítico. Como crítico no me gustaría que una obra viniera provista de todas sus señales de tránsito, con flechas indicativas de cada curva peligrosa, de cada pozo, de cada desprendimiento de rocas, de cada zona resbaladiza. Como crítico no me gusta que una obra anuncie, con grandes cartelones, a qué tipo de análisis debo someterla, o qué tipo de lentes debo usar (como el Lobo Feroz disfrazado de Abuelita) "para mirarla mejor". Como crítico prefiero que el autor me entregue su obra sin "instrucciones para el uso"; prefiero que, frente a la obra, pueda ejercitar al máximo, también con irrestricta libertad, mi capacidad interpretativa y esclarecedora.

Es obvio que el escritor puede ser productor y receptor de la función crítica. El escritor como crítico, y el escritor como objeto de la crítica. ¿En qué condiciones se realizan una y otra operación en América Latina? Aquí volvemos irremediablemente a las presiones del contexto. No es igual la función crítica que cumplía un escritor hace diez años en cualquiera de los países del Cono Sur, y la que no puede cumplir hoy. Con mayor fundamento, no cabe comparación entre la función crítica de un escritor que viva por ejemplo en Chile, donde el ominoso silencio puede llegar a ser un colmo de libertad relativa, y la función crítica a cumplir por un escritor en Venezuela o México, donde sin duda cabe la posibilidad de una discusión enriquecedora. Por otra parte, la función a cumplir específicamente por el crítico en un medio (como, por ejemplo, el de la Cuba revolucionaria) en el que disentir, argüir o razonar tienen sentido, no es por cierto equiparable a la que se puede dar en un ámbito de oscurantismo, donde la crítica va a la cárcel o al exilio junto con el poeta o el novelista. Nosotros debemos señalar este amplio espectro, y cuando intervenimos en un Ciclo que se titula de Crítica Literaria en Latinoamérica, debemos empezar por decir que hay toda una zona de América Latina en que esa cultura literaria no toma estado público. Si en tales zonas subsisten (además de los que escriben y esconden) algunos dóciles amanuenses del fascismo, ello no significa un ejercicio de la crítica sino un nuevo capítulo (que acaso Borges no aprobaría) de la *Historia universal de la infamia*. Debemos señalarlo como una comprobación objetiva, pero no quedarnos allí. En el mapa de la crítica latinoamericana habrá pues vastas zonas de silencio, pero aquí, como es lógico, debemos hablar de las zonas en que hay voz. Y a mí me parece particularmente estimulante que, replegados como estamos en aquellos países donde aún la cultura puede ser expresión pública, confinados como estamos a reducidas áreas de intercambio y debate, de controversia y enriquecimiento, aun así participemos en este ciclo, en uno de los lugares donde el ciclo es posible. Y, claro, nuestro enfoque no abarcará las zonas de silencio sino las zonas de voz, porque sabemos que la Voz (la del escritor, la del crítico, pero sobre todo la de los pueblos) irá invadiendo las zonas de silencio hasta ensordecer a los tiranos. El futuro es de la Voz, no del silencio.

Sin embargo, es difícil que avancemos en estos arduos temas, si no empezamos por reconocer que tanto en las zonas de si encio como en varias de las zonas de voz, hay un rasgo en común, y es que la cultura está signada por el dominador. En uno de sus inteligentes aportes y alusiones al contexto latinoamericano, el ensayista peruano Augusto Salazar Bondy puso los puntos sobre las íes frente a cierto triunfalismo representativo de las élites, triunfalismo que confunde la plenitud cultural de un pueblo determinado, con el éxito personal o la genial realización de un individuo que, por lo común, ha tenido acceso a fuentes de cultura directa o indirectamente vedadas a los sectores más populares. Y decía concretamente:

> Mientras los países subdesarrollados no toman conciencia de su precaria situación histórica, que tiene profundas bases estructurales, ignoran que la norma positiva de cultura no puede ser la del dominador, a riesgo de continuar indefinida e inevitablemente en su condición alienada. Tiene que ser producto de una constelación de valores y principios emanados de la actividad creadora de una conciencia revolucionaria que opera a partir de la negación, generalmente dolorosa, de convicciones muy arraigadas y de mitos enmascaradores.[3]

Es evidente que buena parte de la cultura latinoamericana está signada por el dominador. A éste no le interesa que el pueblo, como tal, tenga acceso a la cultura. En consecuencia, de un modo u otro siempre trata de que ingresen a las universidades los jóvenes representantes de la burguesía o de la alta clase media (a cuyas respectivas fidelidades apuesta). Es cierto que en algunos países latinoamericanos de mayor desarrollo cultural, hay un sector de la baja clase media que accede a las universidades. Pero también este sector habrá de acatar las leyes del juego burgués, o sea que deberá estudiar con programas que por lo general no responden a necesidades de la nación sino de las clases dominantes o del imperialismo.

4

Conviene aclarar que no sólo los voceros de la oligarquía integran una cultura de dominación. También los artistas e intelectuales estamos inevitablemente signados por ella. Todos la integramos, aun quienes propugnamos un cambio revolucionario y asumimos el compromiso de hacer algo para que el cambio se cumpla. Como lo han dicho, primero Tallet, y luego Fernández Retamar en un poema memorable, somos *hombres de transición;* tenemos claro el rumbo a seguir, pero todavía estamos apegados a prejuicios, reticencias, aprensiones, rutinas, temores, fanatismos, fobias, mitos y manías. La conciencia, esa "elasticidad absoluta" de que hablaba Hegel, nos empuja hacia adelante, hacia la revolución; pero esa cultura del dominador, en que nos hemos formado, nos traba el avance, o por lo menos nos propone desvíos.

Así como la cultura burguesa de un país capitalista difiere de la de otro país capitalista porque también las burguesías son sensibles al contexto en que se desarrollan, así también las respectivas culturas de liberación, si bien se basan en principios que les son comunes, buscan sin embargo en su propia historia, en su propia idiosincrasia y en los rasgos esenciales de su lucha, los componentes e instrumentos de una cultura nueva.

El mismo Salazar Bondy anota que la cultura de dominación

> ofrece una serie de caracteres significativos y muy claramente perceptibles: tendencia imitativa, falta de vigor creativo, inautenticidad de sus productos, desintegración, desequilibrio y polarización de valores, entre otros. Este es el caso de la cultura latinoamericana tal como ella se presenta no sólo en el pasado sino también en nuestros días.[4]

Frente a esa tajante afirmación, no faltará quien pregunte con impaciencia e indignación: ¿Y qué pasa con Rulfo, Arguedas, Onetti, García Márquez? ¿Dónde está allí la tendencia imitativa, la falta de vigor creativo, etcétera?

Pienso que Salazar Bondy no se habría sentido apabullado ante la contundencia de semejante pregunta. Y no se habría sentido apabullado, porque el hecho innegable de que existan esos creadores de primerísimo rango, y muchos otros, no es garantía de que vivamos, ya hoy, en América Latina, una cultura de liberación. El carácter promedial de una cultura no lo forman sólo sus cumbres, sino también sus llanos. Y en el contexto latinoamericano esos llanos son el analfabetismo, la educación vedada para grandes sectores de población, y aun la proliferación de neoanalfabetos (término acuñado por Pedro

Salinas) o sea aquellos que aprendieron a leer y escribir, pero luego subemplearon ese conocimiento, ya que apenas si leen los títulos de los diarios o los avisos comerciales. Ésta es la regla cultural para la mayoría. García Márquez, Rulfo, Arguedas, Onetti, significan cumbres que, desgraciadamente, no son representativas de la cultura promedio de nuestros pueblos. Más aún: el intelectual, el profesional, tampoco lo son. Pero esa primacía no debería ser motivo de orgullo. Nuestro privilegio, de haber tenido acceso a la cultura, ese privilegio que tanto entusiasma a alguno de los autores del *boom*, más bien debería dejarnos tristes y angustiados, porque con ese privilegio estamos usando en exclusividad un patrimonio que es de todos.

La cultura de dominación tiende al privilegio, a construir élites. Así como el capitalismo propone el poder desmesurado con base en el dinero, en la cultura burguesa se propone el renombre desmesurado con base en el talento individual, convenientemente apuntalado por la propaganda; y sobre todo el talento que, aunque revolucione el estilo, no contribuya a revolucionar el orden existente. Y ese renombre desmesurado también significa una escisión, una ruptura.

Existe asimismo la fórmula paralela, aunque de distinto signo: así como la revolución propone el poder del pueblo, así también la cultura de liberación se propone a sí misma como asunción colectiva. Para usar la feliz terminología de García Márquez, habría que transformar los Cien Años de Soledad en cien años de comunidad. Al dominador le interesa sobremanera cultivar nuestras soledades: cuanto más aislados estemos, seremos más fácilmente dominados. Esto vale para los hombres y también para los pueblos. A la cultura de liberación le interesa en cambio nuestra labor en comunidad, ya que cuanto más unidos estemos, más alcanzable ha de ser nuestra liberación. Quizá esté aquí la diferencia esencial. En la cultura de dominación, el aparente protagonista es el individuo, pero enclaustrado en su frustránea soledad. En la cultura de liberación, el hombre es por supuesto figura esencial, pero como integrante de ese gran protagonista que es el pueblo. Tengo la impresión de que han sido algunos ensayistas brasileños, como Mario Vieira de Mello y Antonio Candido, quienes más sagazmente han enfocado las relaciones entre subdesarrollo y cultura, y tal vez sea Candido quien por primera vez acuñó el término *conciencia del subdesarrollo* y analizó la repercusión que la mis-

44

ma podría tener como cambio de perspectiva. Esa conciencia del subdesarrollo es, después de todo, sólo una de las tantas rupturas que han tenido lugar en la literatura latinoamericana de los últimos veinte años. Significa por lo pronto el fin de un romanticismo que se prolongó mucho después de *María* y *Amalia;* de un paternalismo que ya estaba presente en *Tabaré,* de Zorrilla de San Martín, pero que aún subsiste en *Huasipungo,* de Jorge Icaza; de un entusiasmo épico-nativista que arrancaba de *Santos Vega,* de Obligado, pero que, aunque asordinado, todavía comparecía en los cuentos casi mágicos de Francisco Espínola.

Una de las inquietantes novelas escritas en los años sesenta, se titula reveladoramente *Memorias del subdesarrollo,* del cubano Edmundo Desnoes. En una de sus acepciones, el término *memorias* significa "relación escrita de ciertos acontecimientos". ¿Qué otra cosa es la documentación y el testimonio sobre una situación o una realidad determinadas? Cuando el escritor latinoamericano se rescata a sí mismo, en primer término, de la visión dulzona e irreal de los últimos románticos, y luego, del paternalismo y el diagnóstico esquemático de la novela indigenista, se acerca irremediablemente al análisis de los economistas, quienes sin duda precedieron a los escritores en adquirir una conciencia del subdesarrollo.

Esa conciencia no es por supuesto autoflagelación, y está por cierto muy lejos de la reaccionaria noción de *pueblo enfermo,* difundida por el novelista boliviano Alcides Arguedas. Más bien es una comprobación del atraso, pero no se queda en la mera verificación, y ahí sí va más lejos que los economistas. Candido llega a decir que la novela adquirió "una fuerza desmitificadora que se anticipa a la toma de conciencia de los economistas y políticos". Bueno, tal vez no se anticipe, pero sí alcance y en algún sentido sobrepase esa toma de conciencia. Los economistas suelen dar un diagnóstico objetivo, con la lacónica e irrebatible fuerza de las cifras, las estadísticas y las gráficas, que de alguna manera son la compulsa de las catástrofes y carencias que padecemos, pero también de nuestra cuota de posibilidades. La literatura llega con atraso a esa rebanada de verdades, pero cuando llega, sufre una tremenda conmoción. Entonces se lanza de lleno a la desmitificación de tantas falsas virtudes, a la asunción de una realidad monda y lironda, que también tiene virtudes, pero son otras.

Ahora bien, la comprobación del infortunio, la conciencia del subdesarrollo, significan también una investigación de sus causas, y es ante esa revelación que surgen la rebeldía, la voluntad de cambio, pero ya no basadas en la ayuda divina, ni en la infrecuente bondad patronal, ni en las instituciones de beneficencia, ni en la Alianza para el Progreso, sino en las posibilidades reales de los pueblos. Para decirlo también con palabras de Antonio Candido:

> Cuando más se entera de la realidad trágica del subdesarrollo, más el hombre libre que piensa se deja penetrar por la inspiración revolucionaria.[5]

5

En relación con el arte y las letras de América Latina, se habla a menudo del *realismo*, pero mucho menos de la *influencia de la realidad*. Es claro que no son la misma cosa, aunque a veces puedan coincidir o complementarse. Recuerdo que en cierta etapa de la literatura uruguaya hubo un sostenido auge de los temas campestres, y si bien varios de esos escritores vivían en un medio rural, la mayoría de ellos eran montevideanos de pura cepa. Lo que influía sobre sus cuentos regionales no eran las peripecias de la doma, o el cruce de un río, o el calmo atardecer con lejanos mugidos, sino sencillamente los libros de un Javier de Viana o un Enrique Amorim, narradores que sí habían tenido contacto directo con ese mundo arisco y melancólico. Cuando la realidad, antes de influir sobre un autor, pasa por el filtro de otro artista (que tal vez la vivió en época lejana) llega inevitablemente cambiada, y en ese caso no se trata de la transformación que el propio artista introduce a sabiendas en su arte, sino de un cambio que él no gobierna.

En la literatura que se escribe hoy en América Latina, hay una creciente influencia de la realidad, pero no siempre deriva de ésta un realismo estricto. Hay tangibles quimeras en Antonio Benítez Rojo, dinámicas alucinaciones en Luis Britto García, núcleos de sortilegio en Antonio Cisneros, personajes delirantes en Haroldo Conti, metáforas de carne y hueso en Eduardo Galeano, que acaso no podrían existir sin el previo aval de una realidad complejísima, abrumadora y estallante. A veces uno tiene la sensación de que una novela tan irremediablemente europea como *La jalousie*, de Robbe-Grillet, a pesar de su fanático inventario de lo inanimado (dedica varias páginas a un insecto aplastado pero no menciona siquiera la Argelia en que presumiblemente transcurre), se halla más desconectada de la realidad que un cuento inocultablemente fantástico como *La casa tomada*, de Cortázar, ya que este relato podría representar algo así como el Dunkerque de una clase social que poco a poco va siendo desalojada por una presencia a la que no tiene el valor de enfrentar.

Es demasiado absorbente nuestra realidad como para que no influya en nuestros escritores. Antes señalé que, aun hoy, cuando en Europa ya ha aflojado la fiebre estructuralista (no por cierto el estructuralismo, disciplina tan legítima como cualquier otra), todavía existen algunos narradores latinoamericanos que virtualmente no escriben para que los lea el lector común, el compatriota atento y preocupado, sino para ser "leídos" por el Crítico Estructuralista. Y ya que admiten ese objetivo, no les conviene por supuesto mencionar esta subdesarrollada y desgarrante realidad que vivimos. No hay que olvidarlo: fue el mismísimo Levy-Strauss quien en un reportaje confesó que nuestra América no le interesaba después de 1492. Sin perjuicio de reconocer el derecho que Levy-Strauss tiene a esa indiferencia militante, conviene aclarar que a nosotros, en cambio, América nos interesa aún después de esa fecha, y también nos concierne y nos importa la América del futuro.

Hasta las actitudes del narrador colonial son el resultado de una inevitable influencia de la realidad. Ésta los espanta, y por eso su literatura es de escape, sin que para ello importe que vivan en Londres o en Chimaltenango, en Florencia o en Cuiabá. Es cierto que la realidad latinoamericana incluye lo *real maravilloso*, que tantas excelencias ha brindado en la obra de un Carpentier, pero también incluye algo que Jorge Enrique Adoum denomina lo *real espantoso*,[6] y hay muchos escritores que no le hacen ascos a esa sangrante, y a veces tétrica, zona de lo real. Vale la pena recordar aquí el estremecedor testimonio de *Operación masacre* y de *La patria fusilada*, de los argentinos Rodolfo Walsh y Francisco Urondo respectivamente, pero también, ya en pleno territorio de lo literario, algunos relatos del peruano Julio Ramón Ribeyro o del chileno Carlos Droguett, las novelas del haitiano Jacques Stephen Alexis (torturado y asesinado en 1961 por los gendarmes de Duvalier) o del uruguayo Juan Carlos Onetti (preso en 1974, y actualmente exiliado en España).

Tal realidad en carne viva influye en los poemas de Gelman, Dalton, Cardenal, y sin embargo en sus libros también se instala a veces lo real maravilloso. Ocurre simplemente que América Latina es una conjunción de espanto y maravilla, de tortura y solidaridad, de traiciones y lealtades, de tiranos y pueblo.

Y la palabra no existe, como quieren algunos ideólogos de la derecha, para ser el *protagonista* de la nueva narrativa latinoamericana. No, el protagonista sigue y seguirá siendo el hombre; la palabra, su instrumento. Pobre futuro nos esperaría a los latinoamericanos si un día la palabra llegara a ser verdaderamente el protagonista, y el hombre su instrumento.

Hace algunos años sostuvo Carlos Fuentes que

> la vieja obligación de la denuncia se convierte en una elaboración mucho más ardua: la elaboración crítica de todo lo no dicho en nuestra larga historia de mentiras, silencios, retóricas y complicidades académicas. Inventar un lenguaje es decir todo lo que la historia ha callado.[7]

No obstante, hay quienes creemos que la obligación de la denuncia nunca envejece, y aunque por supuesto siempre es útil revelar lo que la historia ha callado, sobre todo si se trata de complicidades más ominosas que las académicas, tal vez no sea tarea desdeñable la denuncia (con "lenguaje inventado" o con las claras e inconfundibles palabras de siempre) de todo aquello que nuestra historia ha dicho a gritos, desde Bolívar, Artigas y Martí, hasta los actuales y convincentes muros de Santiago, Buenos Aires y Montevideo, donde a veces se lee *Libertad o muer*, porque la mano adolescente no pudo terminar la consigna. Allí la palabra no sólo "liga a la diacronía con la sincronía", como quiere algún orfebre, sino más sencillamente al hombre con el hombre.

6

Reconocer la influencia de la realidad en la literatura latinoamericana es también reconocer la presencia del subdesarrollo y la dependencia; es también reconocer cómo la cultura del dominador impone todavía sus leyes, sus prejuicios, sus intereses, su *Weltanschauung.* (Incluso esta palabra, *Weltanschauung,* viene de la cultura del dominador.) Y, en consecuencia, es reconocer asimismo las enormes dificultades que enfrenta una cultura de liberación. El escritor y el crítico trabajan en medio de esa contradicción, y hasta podría decirse: *con* esa contradicción.

Un escritor, como tal y no como crítico profesional, puede ejercer sin embargo una crítica, directa o indirecta, que puede no ser literaria. Todos somos conscientes de la actitud crítica directa (en lo social, en lo político) que surge de muchos poemas, cuentos, novelas, desde el *Canto general* de Neruda a *Hora 0* de Ernesto Cardenal, desde *El coronel no tiene quién le escriba* de García Márquez a *El recurso del método* de Carpentier. No obstante, es obvio que cualquiera de esas obras incluye además una crítica cultural indirecta, es decir una crítica a la cultura del dominador.

Cabe señalar, por otra parte, que en las letras latinoamericanas no faltan referencias a obras de colegas, juicios (oblicua o rectamente) críticos sobre libros de otros autores. Los ejemplos podrían ser numerosos, pero baste mencionar las alusiones a Borges en *Adán Buenosayres* de Leopoldo Marechal, y en *Sobre héroes y tumbas* de Ernesto Sabato; las arbitrarias invectivas a escritores, estampadas por Pablo Neruda en muchos de sus poemas, reiteradas y ampliadas luego en sus memorias; los retratos autografiados de Alí Chumacero y Victoria Ocampo, que aparecen colgados en un apartamento de *La región más transparente,* de Carlos Fuentes; algún cuento de Enrique Lafourcade que de alguna manera intenta denigrar, sin nombrarlo, a Vicente Huidobro; un relato de Jorge Ibargüengoitia en que alude, con nombre y apellido, a Rodríguez Monegal; un poema casi conminatorio de Pedro Orgambide a Octavio Paz, con motivo del secuestro y la desaparición de Haroldo Conti. Pero también hay resentidos que parodian venenosamente a sus mayores, y hay devotos que iluminan, así sea por un instante, huellas o cicatrices de homenaje. Todas esas variantes no son tan sólo pintorescos tópicos de la vasta grey cultural del continente mestizo; son además formas marginales de la crítica literaria, ejercidas a veces por el escritor y que —conviene aclararlo— no son por cierto privativas del subdesarrollo.

Pero el poeta, el narrador, el dramaturgo, suelen también incursionar en la crítica literaria profesional.

T.S. Eliot le colocó para siempre a ese espécimen la etiqueta de *crítico practicante*. Se presume que el crítico practicante, al concertar y emitir un juicio sobre una obra ajena, está en cierta manera condicionado por su propia arte poética. No es obligatorio, claro, pero es verosímil que así ocurra. El propio Eliot recuerda: "en mis primeras críticas... defendía implícitamente la clase de poesía que escribíamos mis amigos y yo."[8] Y en 1961, o sea en el penúltimo año de su vida, confesaba: "Es posible, claro está, —y es éste un peligro que ronda tal vez al crítico filosófico de arte— que adoptemos una teoría y nos convenzamos luego a nosotros mismos de que nos gustan las obras que se ajustan a esa teoría." Y agregaba, con el cínico desparpajo que a veces trae la vecindad de la muerte: "Pero estoy seguro de que mis teorías han sido epifenómenos de mis gustos."[9]

¿Qué pasa en este aspecto en América Latina? Curiosamente, algunos de los más difundidos críticos cultivan esa disciplina contemporáneamente con los géneros llamados (mal o bien) *creativos*: los argentinos Ezequiel Martínez Estrada, Jorge Luis Borges, Enrique Anderson Imbert, David Viñas, César Fernández Moreno, Noé Jitrik, Pedro Orgambide; los chilenos Fernando Alegría y Ariel Dorfman; los uruguayos Carlos Martínez Moreno, Antonio Larreta, Idea Vilariño, Ángel Rama, Mercedes Rein; los cubanos Alejo Carpentier, José Lezama Lima, Mirta Aguirre, Samuel Feijoo, Cintio Vitier, Roberto Fernández Retamar; los mexicanos Octavio Paz, Efraín Huerta, Carlos Fuentes, Jaime Labastida; los venezolanos Mariano Picón Salas, Arturo Uslar Pietri, Ramón Díaz Sánchez, Orlando Araujo; el brasileño Ferreira Gulart; el haitiano René Depestre, y tantos otros.

Por supuesto, no voy a decir que comparto los planteos o las actitudes de todos estos críticos practicantes (con' algunos de ellos nos observamos de antípoda a antípoda), pero sí creo que su ejercicio de la crítica ha sido en la mayoría de los casos un válido aporte, no sólo a ese género en particular sino también al desarrollo de las ideas en América Latina. Los planteos inteligentes, estimulantes, provocativos en el buen sentido de la palabra, siempre son una contribución al incremento ideológico, sea para compartirlos y complementarlos, sea para impugnarlos y combatirlos.

Como es lógico, en cada uno de los autores mencionados existe una inevitable coherencia entre su arte poética y su rumbo crítico; lo contrario significaría que uno de sus dos soportes necesita una urgente reparación, y no es el caso. Sin embargo, también debe señalarse que, aun con ese explicable descuento en la objetividad, sus teorías no siempre llegan a ser, como en Eliot, "epifenómenos de sus gustos". Hay, no en todos pero sí en varios de los autores mencionados, una clara voluntad de comprensión de la obra ajena, comprensión que va más allá de sus personales intereses en el quehacer literario.

Quizá haya que identificar, en ese equilibrio del escritor-crítico (probablemente más notorio que en los casos paralelos de Europa o Estados Unidos) la atención que debe prestar a las urgencias del medio, a las carencias del subdesarrollo. Cuando un escritor europeo decide participar en la función crítica, por lo general no está respondiendo a otra necesidad que sus ganas personales de decir algo, y muchas veces de tener un "desahogo crítico". En nuestros países, en cambio, el escritor suele ocuparse de secciones críticas, en ciertas ocasiones porque no hay suficientes críticos profesionales que puedan o quieran encargarse de esa tarea, y en otras, porque la crítica periodística puede constituir un (precario) medio de vida.

Es claro que todo comienza mucho más allá, tiene raíces más profundas. Empieza acaso en el analfabetismo, ese mal endémico de nuestras comunidades dependientes, pero si América Latina no es aún más analfabeta, ello no es por cierto atribuible a sus élites de poder ni a sus consejeros foráneos; más bien se debe al trajín incesante, al increíble tesón, a la fe indeclinable, de quienes tienen algo (así sea poco, así sea pobre) que aportar a su comunidad. Y ésta es, en algunos casos, la razón de que algunos escritores llenen vacantes no sólo de la crítica, sino también de la docencia, del periodismo, de las luchas políticas, ya que todos hemos tenido alguna vez que hacer de todo.

7

Es cierto que el escritor no sólo puede llegar a ser, por una u otra razón, productor de crítica; también, y con más frecuencia, es objeto de la misma. En este rubro pueden señalarse dos niveles: uno, el de la crítica que podríamos llamar periodística (la más frecuente en nuestros países), y otro, el de la crítica de mayor envergadura y que se expresa en trabajos de investigación, en el ensayo o en el libro.

En un medio de cultura dependiente, la primera acepción puede llegar a tener una importancia desproporcionada. La crítica periodística a veces hace y deshace prestigios, coloca en la tabla de best-sellers a un autor determinado, o decreta su *morte civile*. En ciudades como Buenos Aires o México, verdaderas capitales del mercado editorial latinoamericano, pero también hasta hace unos años en Santiago o Montevideo (cuando allí todavía podían publicar autores no castrenses) se han dado algunos casos que revelan graves contradicciones en las actitudes del gremio intelectual. (No puedo referirme a Caracas, ya que ésta es mi primera visita y no tengo la menor experiencia de este medio.) Por ejemplo, en Buenos Aires (un ámbito cultural que conozco bastante bien, ya que residí allí durante tres años) los suplementos culturales o las secciones literarias de los grandes diarios comerciales, suelen tener su lista negra de autores, apoyada por supuesto en razones políticas, y a partir de esa decisión ninguno de sus libros será objeto de la menor nota crítica, ni siquiera desfavorable. Esos suplementos culturales se prohiben incluso señalar que determinado autor no les gusta. Olímpicamente, prefieren ignorarlo. Los mexicanos tienen una expresiva palabrita, *ningunear*, para designar esa postura.

Considerados estos elementos, se comprenderá que una promoción o una crítica que vienen desde el inicio tan condicionadas, tan embretadas, tan distorsionadas, si bien pueden influir en la venta significativa o en el fracaso mercantil de un libro determinado, no pueden tener una influencia positiva en el escritor que es objeto de uno cualquiera de esos tratamientos, sea o no favorable. Se puede objetar, con toda razón, que ésas no son críticas propiamente dichas, sino simplemente reseñas. Y estaré de acuerdo. Sin embargo, para el público en general, para el lector corriente, *ésa es la crítica*, y no el enjundioso y fundamentado ensayo, que nunca llegará a sus manos, o, si llega, no será leído. El concepto de crítica que el sistema defiende y propugna, tiene que ver con brevísimas notas (ni siquiera son artículos) que en un solo párrafo lapidan o ensalzan una obra que probablemente le costó al poeta o al novelista dos o tres años de ímproba labor.

Ahora bien, sucede a menudo que el autor de notículas, el gacetillero, también tiene sus principios, y uno de los más inconmovibles es el de no leer los libros sino las solapas. Otro de sus principios es el de usar un léxico básico, acorde con las últimas tendencias. Si decide militar en·la psicocrítica, mencionará seguramente a Edipo o la presión libidinal; si resuelve afiliarse a la crítica historicista, hará la infaltable referencia a la "historia social *in toto*"; si prefiere alistarse en las huestes estructuralistas, dirá, con garbo luctuoso, que "la aparición del libro es la desaparición del autor". Estas expresiones, que en medio de un ensayo seria y honestamente construido, pueden significar un enfoque válido, o por lo menos atendible, en la frívola nota son simplemente una referencia pedante y no representan otra cosa que un injusto desdén hacia el lector.

Afortunadamente, hay también otra forma menor de crítica, que produce algo así como una extensión clandestina de la literatura. Me refiero al comentario oral, a la explicación estimulante, al rumor que provoca. Quizá la podríamos considerar como una crítica de tracción a sangre. El lector se encarga personalmente de llevarla a otro lector, y éste a otro, y así sucesivamente. La verdad es que, cuando en alguno de nuestros países la represión alcanza a la cultura, y unos libros son quemados, y otros son prohibidos, y otros ignorados, y otros más retirados preventivamente de los escaparates, y sus autores secuestrados, deportados, amenazados o asesinados, entonces adquiere particular importancia esa crítica furtiva, subrepticia, esa crítica de tracción a sangre, gracias a la cual un lector, y otro, y otro más, buscan a su librero de máxima confianza, y logran que éste les dé a escondidas un ejemplar del libro explosivo —a lo mejor con una inocente tapa de Germán Arciniegas o de Jalil Gibrán— exactamente como si fuera un cóctel molotov o medio kilo de trinitrotolueno.

8

Seguramente habrá quienes piensen que estos datos y consideraciones sobre el negocio, la distribución y promoción del libro, tienen poco que ver con el escritor y la crítica. Sin embargo, seríamos de alguna manera malversadores de los fondos culturales de nuestros pueblos si siguiéramos considerando el hecho artístico o literario

como una isla ensalmada, a cuyas costas no llegan, ni
llegarán jamás, las aguas contaminadas del mundo mercantil. Como bien ha señalado el crítico argentino Néstor
García Canclini,

> en la situación de dependencia económica y cultural de la
> América Latina, equivale a decir que la actividad artística, lo
> que el pueblo verá y lo que le será ocultado, se decide en
> amplia medida por empresas industriales y comerciales nor-
> teamericanas y multinacionales. El estudio del poder de la
> distribución y sus mecanismos de imposición de criterios esté-
> ticos contribuye a desmistificar la supuesta libertad de crea-
> ción absoluta atribuida al artista, y nos permite visualizar el
> resorte de mayor responsabilidad en la deformación del arte
> en el capitalismo. Casi siempre las críticas van dirigidas contra
> las obras o los autores burgueses, pero se olvida que el proceso
> artístico en su conjunto está organizado para promover la
> evasión pasiva de los espectadores y la ganancia económica de
> los distribuidores. No puede haber una política artística de libe-
> ración sin un conocimiento del papel cumplido por la distri-
> bución de todo proceso artístico.[10]

Después de este informal recorrido por los suburbios
de la hermenéutica, veamos por fin qué incidencia pueden
llegar a tener en un real ejercicio de la crítica (y en la
relación de ésta con el escritor) el contexto del subdesarrollo, la presencia del dominador, la cultura de la dependencia.

Tengo la impresión de que, a esta altura, la crítica
literaria francesa —que ha solido marcar el rumbo de
Europa occidental— se está rescatando de los sucesivos
dogmatismos que la limitaron en los últimos veinte años.
Quizá el más reciente de esos dogmatismos haya sido el
de la crítica estructuralista, pero hace aproximadamente
diez años que Gérard Genette, uno de los más inteligentes expositores de esa escuela, aclaró que la crítica estructuralista ya no se mostraba hostil a ninguna de las
formas de la historia. La verdad es que este bienvenido
ajuste sigue a otros, ocurridos en diversas tendencias de
la crítica. Después de la intransigencia con que algunos
oficiantes del enfoque psicoanalista enfrentaron la obra
literaria, dando mejor testimonio —como bien ha señalado Dominique Noguez— "de una utilización de la literatura por el psicoanálisis que de una contribución del
psicoanálisis a la crítica literaria"[11] la psicocrítica de

Charles Mauron, en cambio, parece traer nuevos aportes en este último sentido.

La propia crítica marxista ha ahondado cada vez más en los no siempre bien asimilados textos de Marx, Engels y Lenin. En los nuevos enfoques ha tenido fundamental importancia la relectura y reasimilación del pensamiento, cada vez más actual y renovador, de Antonio Gramsci. Y esa influencia no es gratuita, ya que en el campo específico de la cultura, Gramsci es sin duda uno de los marxistas que más creativa y rigurosamente, ha abordado el pensamiento de los clásicos del materialismo.

Quizá la tendencia crítica que ha envejecido sin atenuantes, sea la que postularon, e intentaron estructurar ideológicamente, Robbe-Grillet y los otros representantes del *nouveau roman*, aunque a esta altura ya parece evidente que ese ocaso fue una mera consecuencia de su decaimiento como narradores.

De todas maneras, y puesto que la crítica francesa ha representado el núcleo esencial, tanto de la llamada *antigua nueva crítica* como de la denominada *nueva nueva crítica*, llama la atención que precisamente allí, en esa Francia de raíz cartesiana y fronda especulativa, tanto la literatura de ficción como la poesía pasen por un período que debe ser el más raquítico y desmedrado de toda su historia.

Hace pocas semanas, el poeta y crítico argentino Saúl Yurkievich, que desde hace muchos años reside en París, sintetizó, en una entrevista periodística, un diagnóstico que tiene relación con nuestro tema. Al preguntársele sobre la acogida que tiene en Francia la narrativa latinoamericana, expresó que allí se la considera como la más vivaz, la más vital de todas las contemporáneas, agregando que él piensa que a los narradores latinoamericanos

se los lee con tanto interés por lo siguiente: en la producción europea hay todavía un fuerte auge de los textos teóricos, reflexivos. Ya se podría decir, no hay obra literaria propiamente dicha, se han borrado las fronteras; de tal manera que hay una gran inflación retórica. La literatura circula en circuitos cerrados, lo que provoca un marcado enrarecimiento del lenguaje que torna la lectura bastante difícil. Se llega a perder el contacto con lo que se denomina el referente. La relación con lo real, lo sensual, lo material, resulta, pues, mediatizada a tal extremo, que se llegan a plantear problemas como el de la imposibilidad de narrar, o del discurso directo, la imposibilidad de incorporar lo inmediato, la historia inminente a medida que sucede. Y entonces la literatura latinoamericana aparece, justamente, como especialmente fresca y fuerte.[12]

Creo que la respuesta de Yurkievich ayuda a detectar algo muy sutil que está ocurriendo en relación con la crítica en América Latina. Es evidente que aun en ese centro *paleo* y *neocrítico* que es París, hay una apertura en cuanto a la aceptación de una crítica integral que no desperdicie ni malogre ninguna de las posibilidades de acceso a la obra literaria. En América Latina, por otra parte, surgen voces igualmente integradoras: Alberto Escobar, Fernández Retamar, Jaime Labastida, Antonio Cornejo Polar, entre otros, abogan por, o sencillamente practican, una crítica integral e integradora, que si resulta adecuada para el análisis de cualquier literatura, en la de América Latina pasa a ser sencillamente indispensable. "El fragmentarismo crítico", señala Gaspar Pío del Corro "es un antihumanismo. Su expresión científica es el especialismo y su expresión técnico-social el profesionalismo. Especialistas y profesionales pueden y deben cumplir una efectiva función social; pero cuando la actividad en el área se torna excluyente ('ismo'), se aproxima a los límites de la negación de la cultura".[13]

Por una parte, la pluralidad de indicios que pone sobre el tapete el mestizaje cultural, reclama sin duda un asedio interpretativo que no malbarate ninguna vía de aproximación a la obra. Después de todo, esa obra se ofrece al crítico con lo que Alberto Escobar llama "el sentido inmanente en el texto" y "su significado trascendente en el proceso de la cultura en que está inscrito".[14] Sin embargo, y pese a ese acuerdo de críticos tan sagaces, existe todavía en América Latina una extraña tendencia que avanza a contramano y trata de imponer y prestigiar la crítica de exclusivo corte formalista.

Ya en 1971 lo señalaba Fernández Retamar, y su pronóstico se ha cumplido:

... ahora el estructuralismo parece encontrarse en retirada. Pero en nuestras tierras se insistirá todavía un tiempo en esa ideología.

Y al hablar del auge de la lingüística, agregaba:

Pero sé también que hay razones *ideológicas* para tal auge más allá de la propia materia. En lo que atañe a los estudios literarios, no es difícil señalar tales razones ideológicas, del formalismo ruso al estructuralismo francés, cuyas virtudes y limitaciones no puede señalarse al margen de esas razones, y entre ellas la pretendida ahistorización propia de una clase que se extingue: una clase que inició su carrera histórica con *utopías* desafiantes para azuzar el tiempo, y que pretende congelar esa carrera, ahora que le es adversa, con imposibles *ucronías.*[15]

Volvamos a la cita de Yurkievich. El panorama que presenta en relación con la literatura francesa es sencillamente pavoroso. Su comentario tiene la virtud de sintetizarlo, pero cualquier lector más o menos enterado puede comprobar que es rigurosamente cierto. Quizá, cuando se estampó la famosa ley (que dejó con la boca abierta a más de un crítico colonial) de que "la aparición del libro es la desaparición del autor", nadie pensó que la realidad iba a tomarla en serio, iba a cumplirla al pie de la letra. Es terrible que la hipertrofia crítica ayude al aniquilamiento de una literatura, y es realmente patético que un enjambre de críticos se quede de pronto sin nada que criticar. ¿Qué otra cosa significan "la imposibilidad de narrar", la imposibilidad "del discurso directo", "la imposibilidad de incorporar lo inmediato", etc.? La *antigua nueva crítica* y la *nueva nueva crítica,* han llevado la literatura francesa virtualmente al *nuevo nuevo suicidio.* Ahora esa misma crítica trata de retroceder, de acabar con la clausura que se había autoprescripto. Y para que no se piense que el diagnóstico de Yurkievich es el producto calenturiento de un *buen salvaje* pasado por Vincennes (donde enseña literatura hispanoamericana), conviene citar a Serge Doubrovsky, uno de los hierofantes de la crítica formalista, que llega a decir:

> Pero entonces, en los laboratorios herméticos donde se elaboran tantas sutiles arquitecturas, se llega a la asfixia: hay que abrir así la famosa "ventana" mallarmeana y airear esos altos lugares estériles.[16]

O sea que son ellos mismos quienes detectan la asfixia y la esterilidad. Pero no alcanza con abrir las ventanas: si se abren tardíamente, puede ser que en "los altos lugares estériles" sólo penetren las inhibiciones, las frustraciones y las imposibilidades que detecta Yurkievich. Y no lo olvidemos: éste también dice que la literatura latinoamericana aparece justamente como especialmente fresca y fuerte.

Y es cierto, es fresca y fuerte; y quizá habría que agregar que es tan imaginativa como pletórica de realidades. Paradójicamente, a esa literatura vital, que por muchos atajos intenta integrarse a una cultura de liberación, la cultura del dominador trata de imponerle la misma experiencia crítica que en Francia originó aquellos círculos cerrados, aquel enrarecimiento del lenguaje, aquella imposibilidad de narrar. Por supuesto que el estructuralismo y los estudios lingüísticos son vías perfectamente válidas para el acceso a la obra literaria. Pero la propuesta sutil que desde muchos ángulos, y desde muchas tentaciones, se le hace al escritor latinoamericano, y particularmente a los jóvenes literatos, es una incitación que viene secretamente deteriorada por el fracaso euroccidental, o sea que se trata del ya descartado dogmatismo formalista que sólo busca en la obra literaria los significantes, descartando todo otro acceso y sobre todo evitando el enfoque historicista y la función valorativa.

En la propuesta de la cultura dependiente, en la sutil instigación colonialista, así como también en la oferta del crítico colonial, hay pues dos maniobras ensambladas y afines. La primera, al introducir en exclusividad el análisis formalista, significa algo que Serge Doubrovsky ha expresado con singular rigor autocrítico:

> Toda un ala de la literatura y de la cultura actuales ha decidido que el arte es el "cristal" mallarmeano "desde donde se vuelve la espalda a la vida"; de ahí ese derroche de "pureza", del signo liberado del significado; de la forma, despojada del contenido; del lenguaje, aislado de la experiencia.

Tenemos que creerlo: nos lo confiesa un destacado portavoz de la nueva crítica. Pero en términos nuestros, esa autocrítica adquiere una dimensión poco menos que monstruosa, porque tanto el nutricio pasado como el trágico presente de América Latina son precisamente significados, contenidos, experiencias. Proponernos el enfoque ahistoricista es, por tanto, proponernos que nos vaciemos de Bolívar, de Artigas, de Martí; y también de la Revolución cubana, de las luchas de Panamá para recuperar su Canal, de la conciencia independentista de Puerto Rico, de la trágica realidad del Cono Sur. Es, en otros términos, proponernos que archivemos la realidad (tanto la historia ya hecha como la que estamos haciendo) y nos atrincheremos en la palabra.

Pero no es sólo eso. La segunda maniobra, probablemente más grave que la primera, aprovecha la experiencia francesa para tentar la inmovilización de nuestra literatura. Si en Francia "la gran inflación retórica" provocó circuitos cerrados, enrarecimiento del lenguaje, imposibilidad de narrar, y si la literatura latinoamericana aparece como especialmente fresca y fuerte, ¿por qué no envejecer esa frescura, por qué no debilitar esta fortaleza, mediante un asedio tautológico? Precisamente en francés *repetition* quiere decir ensayo. ¿Por qué no ensayar en la literatura latinoamericana aquel curso acelerado de suicidio cultural? ¿No sería acaso una operación más sutil, pero conducente al mismo fin, que el infamante genocidio cultural?

Si una cultura que se las sabe todas, como la francesa; si una literatura que dio a Rabelais y a Racine, a Hugo y a Baudelaire, a Montaigne y a Mallarmé, a Flaubert y a Proust, a Malraux y a Aragon; si una literatura verdaderamente señera pudo inhibirse, pudo inmovilizarse, al paso de la nueva retórica estructuralista, ¿cómo no va a inhibirse o inmovilizarse una cultura mestiza, subdesarrollada, colonial, caótica, permeada de influencias?

9

Hace nueve años, en un trabajo que llevé a cabo por encargo de la UNESCO, escribí lo siguiente:

Cuando serios críticos franceses comienzan a insistir en la importancia de la Palabra, en el predominio casi totalitario de la semántica, por supuesto no intentan crear una nueva moda, destinada a asombrar una vez más al asombrable burgués de todas las épocas; lo que proponen, por el contrario, es una interpretación del fenómeno literario en sus relaciones humanas más profundas, y sobre todo en la manera y en la tradición racionalistas que constituyen su cauce natural, su hábito de pensamiento. Pero cuando ciertos comentaristas literarios de América Latina, y observen que no dije lingüistas, o críticos rigurosos aceptan al pie de la letra la capa exterior, la mera superficie de esa investigación (a la que por lo menos hay que reconocerle su coherencia), sin penetrar para nada en las hondas motivaciones de semejante actitud intelectual, se convierten en frívolos intermediarios, en el fondo infieles a la misma admiración que proclaman. En Europa, relevar en forma casi excluyente la importancia de la Palabra, puede expresar una actitud básicamente intelectual; refugiarse en sus significados más hondos, puede ser un palpable resultado de la avalancha semanticista. Pero esa misma operación, en América Latina, asume distintas proporciones. En un país subdesarrollado donde el hambre y las epidemias hacen estragos, donde la represión, la corrupción y el agio no son un elemento folklórico, sino la agobiante realidad de todos los días, proponer el refugio en la Palabra, hacer de la Palabra una isla donde el escritor debe atrincherarse y meditar, es también una propuesta social. Atrincherarse en la Palabra, viene entonces a significar algo así como darle la espalda a la realidad; hacerse fuerte en la Palabra, es hacerse débil en el contorno. Hace veinte o treinta años la evasión consistía en escribir sobre corzas y gacelas, o en recrear los viejos temas griegos; hoy quizá consista en proponer la Palabra como nueva cartuja, como ámbito conventual, como celda voluntaria.[17]

Al parecer, los hechos van acercándose a aquel pronóstico, y probablemente lo sobrepasen, puesto que lo que ahora se nos propone ya no es una búsqueda (todo lo restrictiva que se quiera, pero búsqueda al fin) de los significados, sino una hibernación en el significante. Recalco nuevamente que este alerta no es contra la crítica formalista, ni contra los estudios lingüísticos, incluso debo confesar que ambas disciplinas, en su esfera específica, me interesan sobremanera. El alerta es contra la maniobra inhibitoria, contra la misión letárgica que la cultura del dominador se arroga, cuando nos propone un sistema exclusivo de análisis, que así, dogmáticamente aplicado, ha demostrado ser (al menos, en Europa occidental) asfixiante para la narrativa y la poesía, haciéndoles perder todo contacto con lo real, y lo que es peor aún, haciéndoles perder su capacidad de imaginar. Si nosotros también llegamos a una hipertrofia de la función crítica, y sobre todo si limitamos esa función al análisis formal, quizá lleguemos, a fuerza de monotonía, a escribir *obras sinónimas*, y es posible que el aciago y lúcido día en que lo advirtamos, ya sea irremediablemente tarde, porque también estaremos contaminados, como por una peste incurable, de la imposibilidad de narrar y el enrarecimiento del lenguaje. Después de todo, ¿no dijo Roland Barthes alguna vez que la literatura era una "inmensa tautología"? ¿No afirmó Paul de Man que, en

60

el fondo, todos los libros dicen lo mismo pero de distinta manera? ¿No señaló Gérard Genette que todos los autores son uno solo, porque todos los libros son un solo libro?[18] ¡Como para no desanimarse! Nadie había ideado antes una manera tan sutil de desalfabetizarnos, o de lograr subrepticiamente lo que Umberto Eco ha llamado "la deseducación estética del público".[19]

Aquí se hace presente una señal de la cultura del dominador que quizá hayan ustedes detectado en el curso de esta charla; para afirmar nuestra concepción de la crítica, hemos apelado, así sea para impugnarlos, a los planteos de la crítica euroccidental, especialmente la francesa, y eso revela también una inocultable huella que la cultura del dominador deja en nosotros. Pero hasta esa huella debemos razonarla. ¿Por qué francesa y no italiana, o inglesa, o alemana, que también han aportado nombres valiosos y enfoques originales? Sucede que los críticos de otros países de Europa occidental, actúan más en función de individuos, de investigadores aislados, antes que con el sentido corporativo y generacional que asume la nueva crítica francesa. De modo que el relevamiento que aquí hacemos no significa que la nueva crítica francesa sea la más encumbrada, sino que por su organicidad, su ajustado aparato editorial y publicitario, se presta mejor a la manipulación ideológica del dominador.

Debo aclarar que, pese a estas observaciones, mi profunda convicción es que esa manipulación no tendrá éxito en América Latina. Y no lo tendrá, no exactamente porque sea una propuesta errónea, sino porque los propulsores de la misma saben de antemano que no tienen razón, y eso les quita fuerza persuasiva, pujanza catequizadora. El crítico chileno Nelson Osorio ha señalado que

> la burguesía no puede desarrollar una real Ciencia de los fenómenos sociales, ya que sus resultados entrarían necesariamente en contradicción con su Ideología, que enmascara, mistifica y mitifica las verdaderas condiciones en que se basa una sociedad de clases.[20]

Pero debemos agregar que, por las mismas razones, tampoco puede desarrollarse una real Ciencia de los fenómenos culturales.

No es por azar que el empuje formalista ha tenido en los últimos años su centro en Francia. La literatura francesa empezó su declinación en los primeros años de la segunda posguerra, y la célebre lucidez de los intelec-

61

tuales franceses no ayudó, ni aun entonces, a diferenciar otras lucideces: digamos, por ejemplo, la lucidez estremecedora de un Marcel Proust, de la lucidez casi inhumana de un André Gide. Pero fue con la aparición y promoción del *nouveau roman* que la crítica francesa empezó su *campaña contra el personaje*. Al iniciar su cruzada contra el orbe balzaciano, y por consiguiente contra el narrador omnisciente y omnipresente, los militantes literarios de lo que Nathalie Sarraute llamó "la era de la sospecha", aprovecharon el pretexto para oscurecer al personaje e iluminar el objeto. El resultado fue al menos polémico en el enfoque crítico, pero en la praxis novelesca fue inconmensurablemente aburrido.

Quizá por eso la siguiente promoción crítica movió sus reflectores e iluminó las estructuras, aunque dejando siempre en la sombra al personaje. Los narradores, por su parte, para ahorrarles trabajo a sus críticos, crearon personajes que ya venían apagados. El resultado fue nuevamente el tedio. La posta es hoy recogida por los neocríticos, que enfocan la palabra, pero siguen sin rescatar al personaje de su parcela de sombra.

Nótese, sin embargo, que mientras tres promociones de críticos franceses han iluminado el objeto, la estructura, la palabra, dejando en la sombra al personaje, los narradores más vitales de América Latina (con la confirmatoria excepción de unos pocos escritores coloniales) han escrito excelentes cuentos y novelas, en los que, sin descuidar ni el objeto ni la estructura ni la palabra, han contado historias que tienen cabales personajes. Qué alivio debe significar hoy, para el pobre lector francés, abrir una novela latinoamericana, y encontrarse con que *cuenta* algo, con que *por fin alguien cuenta una historia.* Para un público que viene de una tradición que incluye tan notables *contadores* como Balzac, Hugo, Stendhal, Maupassant, Flaubert, Zola, Proust, Sartre, Simone de Beauvoir o Camus; para un público al que probablemente Robbe-Grillet no pudo convencer de que en una novela como *L'étranger*, el empleo del pretérito imperfecto era más importante que la historia contada, será un banquete sumergirse ahora en *Cien años de soledad*, *Pedro Páramo*, *Rayuela*, *Concierto barroco*, o (ignoro si ya están traducidas) *Yo el Supremo* y *El pan dormido.*

De modo que mientras la cultura del dominador se preparaba para inmovilizar la literatura latinoamericana, ésta, por su evidente calidad, y asimismo por su mera capacidad de narrar, movilizaba al lector europeo. Por esa razón, y por varias más, descarto que las nuevas propuestas inmovilicen al escritor latinoamericano o conviertan al crítico en misionero de un evangelio de la pura forma. Y no tendrán éxito, porque tanto el escritor como el crítico son conscientes de que en esta América todas las vías de acceso a la obra literaria, tanto la formalista como la historicista; la lingüística como la psicocrítica, todas conducen al hombre. Y si algún crítico, por inadvertencia o distracción, usa esquemáticamente una cualquiera de esas vías, con exclusión de las otras, y no llega al hombre latinoamericano, que no se alarme: sencillamente le habrá pasado como a aquel personaje de Cortázar que entraba por el Pasaje Güemes de Buenos Aires, y salía por la Galerie Vivienne de París.

Aunque la obra literaria integre la superestructura, no tiene por qué inhibirse de influir en la sociedad toda, ni de ser influida por ésta. Somos un mundo en ebullición y desarrollo, y quizá por eso en América Latina las relaciones entre escritor y público, entre literatura y crítica, entre crítico y realidad, no sean las mismas que en Europa occidental. Es cierto que en los tres binomios mencionados, suele haber una retórica de las relaciones, pero no tenemos por qué ser esclavos de esa retórica. Una de las riesgosas ventajas que nos proporciona nuestra voluntad de construir una cultura de liberación, es que si bien podemos transformar, mejorándolas, las relaciones heredadas (de Europa o de cualquier parte), también podemos crear relaciones nuevas, que establezcan una circulación más dinámica, más humana, más justa y más imaginativa, entre el escritor, el crítico y el lector.

Por lo pronto, ¿qué le sirve al escritor del enfoque crítico acerca de su propia obra? Alguna vez he recordado que los poetas (incluso los buenos poetas) se quejan a veces amargamente de los críticos (aun de los buenos críticos) y que ello se debía a la impresión que suelen tener los poetas de que los críticos se están refiriendo a una obra que no es la suya. Es lógico que el crítico salga a la búsqueda de un *ábrete sésamo*; a veces lo consigue y lo pronuncia, pero suele no darse cuenta de que la puerta que se abre no es la que él quiere, sino la de al lado. Y se entusiasma, y formula teorías, y encuentra testimonios, y descubre inhibiciones, y diseña toda una personalidad que se corresponde, a la perfección y al detalle, con un esquema que puede llegar a ser fascinante. Justamente, esa amargura que por lo general tienen los poetas con respecto a los críticos, viene de su explicable imposibilidad de llamarlos y decirles: "Señor: se equivocó de puerta. Yo tengo inhibiciones, pero son otras."

Creo que, a esta altura, para que una crítica le sirva de algo al escritor, éste y el crítico deben tener un mínimo territorio compartido. Si el código que maneja el crítico, si su cosmovisión, si su enfoque de la historia, si las claves de sus indagaciones, están a años luz de la cosmovisión, del enfoque histórico, de las claves indagatorias y otros códigos del escritor, la crítica puede ser igualmente legítima y quizá le sirva de mucho a sus lectores, pero no se cruzará jamás con el rumbo del escritor.

Si de algo puede servir mi experiencia de autor criticado, les diré que las observaciones de los críticos (y me refiero tanto a las desfavorables como a las elogiosas) me han significado un aporte, una ayuda al quehacer literario, sólo cuando su actitud humana ha guardado cierta relación con la mía. Esto no quiere decir que los puntos de vista sean los mismos, sino que ambos nos movamos en planos de comprensión recíproca.

Por el contrario, cuando la opinión del crítico, aunque aparentemente objetiva, está teñida de connotaciones o de prejuicios que le impiden ser justo, entonces esa crítica no me sirve, porque le veo la trampa, le descubro el doble fondo, le veo el rostro tras la máscara. Desgraciadamente, este tipo de crítica abunda en nuestras culturas dependientes: debajo de un trabajo que en apariencia cumple con todos los preceptos de la crítica formalista, o psicológica, o historicista, asoman de pronto las garras del gorila, aunque sólo sea para colocar entre comillas una palabra, que puede ser —digamos— *revolución*.

Para que establezcan entre sí una relación nutricia, el escritor y el crítico deben tener algún código en común, que no sólo tiene que ver con signos y estructuras sino también con una actitud ante la vida, ante el prójimo. Cuando el crítico funciona con un código y el escritor con otro, es como si se movieran en líneas divergentes, y no habrá interinfluencia posible.

Decíamos que es preciso crear relaciones nuevas entre el escritor, el crítico y el lector, a fin de establecer entre ellos una circulación dinámica. García Canclini ha abierto, en este sentido, uno de esos rumbos nuevos, al señalar que

el arte verdaderamente revolucionario es el que, por estar al servicio de las luchas populares, trasciende el realismo, el que, más que reproducir la realidad, le interesa imaginar los actos que la superen.[21]

Por esa sola brecha —y cuántas más no habrá— puede el escritor convertir la realidad en fantasía, pero siempre con la secreta esperanza de que esa fantasía se convierta en realidad. Algo que, después de todo, ya aprendimos en Verne. Pero el despegue a partir de lo real crea posibilidades infinitas. De modo que la brecha también se abre para el crítico, que no tiene un exclusivo y estrecho pasadizo para desentrañar esa esperanza (que es forma y contenido, historia y estructura, lenguaje y experiencia) sino que tiene a su disposición todos los medios, todos los recursos: la línea recta y los laberintos, el cielo y los volcanes, los puentes y los túneles, la palabra y los ecos, el paisaje y los sueños.

Entre las conflagraciones que separan la cultura del dominador de la cultura de liberación, está por supuesto la desmitificación, que realiza ésta última, de los códigos estéticos impuestos por la primera. "Las relaciones humanas", señaló Lucien Goldman, "se presentan como procesos de doble vertiente: *desestructuración* de estructuraciones antiguas, y *estructuración* de totalidades nuevas, aptas para crear equilibrios que puedan satisfacer nuevas exigencias de los grupos sociales que las elaboran".[22] Acaso nuestro continente mestizo solo soporte mestizas (y no puras) formas de interpretación. Si seguimos el rumbo marcado precisamente por un crítico, Henríquez Ureña, y vamos en busca de nuestra expresión, hallaremos que ésta nuestra es una expresión mestiza: si seguimos la senda de otro ideólogo, Mariátegui, y tratamos de interpretar nuestra realidad, hallaremos que ésta nuestra es una realidad mestiza. Pero no sólo son mestizas nuestra expresión y nuestra realidad; también lo serán nuestra búsqueda y nuestra interpretación, ya que ese mestizaje, esa impureza, ese entrevero, esa conmixtión de lenguas y costumbres, esa aleación de pigmentos, ese surtido de orígenes, esa dialéctica de paisajes, ese empalme de osadías, esa ancha tumba de héroes, ese crisol de revoluciones, esa maravillosa mezcolanza, esa *olla podrida* de identidades, ha generado con el tiempo un estilo propio, una identidad nueva, un implacable enemigo compartido, un rostro que no es de nadie en particular quizá porque es de todos, una conciencia colectiva que nos rescata de un pasado en que nos olvidábamos los unos de los otros y nos lanza hacia un futuro en que acabaremos por reconocernos como astillas del mismo palo.

Por eso, si la cultura del dominador era desintegradora y excluyente, la cultura de liberación será abarcadora y unificante, sin que esto quiera decir que vaya a ser ecléctica. Inmersos en una población latinoamericana de más de doscientos millones, el escritor y el crítico son aparentemente poca cosa. Pero sucede que en una cultura de liberación nadie es poca cosa. Si queremos que el hombre de transición se convierta por fin en hombre nuevo, quizá represente una modesta pero buena ayuda que los escritores y críticos no lo dejemos en la sombra, sino que lo iluminemos, lo enfoquemos, lo interpretemos, para así aprender de él, para así comunicarnos con lo mejor de nosotros mismos. Y si para ese hombre, para ese personaje, para ese protagonista de la realidad, buscamos una crítica de amplio espectro que atienda a la estructura y a la palabra, al inconsciente y a la historia, es porque pensamos que esta América, que ha fundado su identidad a partir de su mestizaje, también requiere, no una crítica monocorde y taxativa, sino una crítica integradora, vale decir *mestiza*.

NOTAS

1 José Martí: "Ni será escritor inmortal en América. . ." (párrafo de un cuaderno de apuntes que se suponen escritos en 1881), incl. en *Ensayos sobre arte y literatura* (sel. y pról. de Roberto Fernández Retamar), La Habana, Instituto Cubano del Libro, 1972, págs. 50-51.
2 José Martí: "Nuestra América", publ. en *El Partido Liberal*, México, 30 de enero de 1891.
3 Augusto Salazar Bondy: "Sobre una definición de cultura", en *Expreso*, Lima, 16 de julio de 1972, pág. 25.
4 Augusto Salazar Bondy: "Cultura y dominación, IV", en *Expreso*, Lima, 16 de abril de 1972, pág. 23.
5 Antonio Candido: "Literatura y subdesarrollo", incl. en *América Latina en su literatura*, coordinación e introducción de César Fernández Moreno, México, Siglo XXI Editores y Unesco, 1972, pág. 347.
6 "A partir de la década que comienza en 1920, el arte encara la realidad social de América Latina, la prisión colectiva, la fosa común, lo real espantoso de nuestros países, a veces con una declarada voluntad de contribuir a alterar el orden de la injus-

ticia, y el orden del arte oficial también. Entonces, en el 'academicismo proletario' de la pintura realista comenzaron a aparecer nuestras poblaciones indias y negras en actitud de trabajar o de ser asesinadas, que allá con frecuencia da lo mismo. Pero ni siquiera de esta manera —y menos aún de la otra, la de quienes casi simultáneamente comenzaron a pintar su celda personal, abarrotada de conflictos individuales— ha podido el creador de antes, ese que era él y pueblo al mismo tiempo." (Jorge Enrique Adoum: "El artista en la sociedad latinoamericana", incl. en *América Latina en sus artes*, México, Siglo XXI y Unesco, 1973, pág. 208.)

7 Carlos Fuentes: *La nueva novela latinoamericana*, México, Joaquín Mortiz, 1969, pág. 30.

8 T. S. Eliot: "Criticar al crítico", incl. en *Criticar al crítico y otros escritos*, Madrid, Alianza Editorial, 1967, pág. 16.

9 T.S. Eliot: ob. cit., pág. 21.

10 Néstor García Canclini: "Para una teoría de la socialización del arte latinoamericano", en *Casa de las Américas*, La Habana, marzo-abril de 1975, núm. 89, pág. 118.

11 Dominique Noguez: "Choix bibliographique", en *Les chemins actuels de la critique*, vol. dir. por Georges Poulet, París, Plon, 1967, pág. 500.

12 Basilia Papastamatiu: "Premio Casa de las Américas 1977. Cómo se lee la literatura latinoamericana" (reportaje a Saúl Yurkievich), en *Juventud Rebelde*, La Habana, 31 de enero de 1977, pág. 3.

13 Gaspar Pío del Corro: "Reflexiones y esquema de base para una crítica literaria latinoamericana", en *Megafón*, Buenos Aires, julio de 1975, tomo I, núm. 1, pág. 34.

14 Alberto Escobar: *La partida inconclusa*, Santiago de Chile, editorial Universitaria, 1970, pág. 10.

15 Roberto Fernández Retamar: *Calibán*, México, Ed. Diógenes, 1971, pág. 70.

16 Serge Doubrovsky: "Critique et existence", en *Les chemins actuels de la critique* (cfr. nota 11).

17 Mario Benedetti: "Temas y problemas", incl. en *América Latina en su literatura* (cfr. nota 5).

18 Cit. por Serge Doubrovsky: ob. cit., pág. 264.

19 Umberto Eco: *La definición del arte*, Barcelona, Martínez Roca, 1970, pág. 163.

20 Nelson Osorio T.: "Las ideologías y los estudios de la literatura hispanoamericana", en *Casa de las Américas*, La Habana, núm. 94, enero-febrero de 1976, pág. 69.

21 Néstor García Canclini: ob. cit., pág. 111.

22 Lucien Goldman: *Para una sociología de la novela*, Madrid, Ciencia Nueva, 1967, pág. 222.

III. El duro camino hacia la paz

En la convocatoria a este Encuentro se nos pide que enfoquemos la idea de la participación de los escritores en la defensa de la paz y del humanitarismo, así como en la salvaguardia y conservación de los valores culturales. Es razonable entonces que empecemos por preguntarnos cuáles serían los verosímiles aportes del escritor a la defensa de la paz. Es obvio que la literatura y el arte en general pueden ayudar a esclarecer muchas complejidades y equívocos en relación con el tema, sobre todo si se lo aborda con espíritu amplio, sin esquematismo, pero también con una firme base ideológica.

Aclaro que en mi intervención voy a referirme casi siempre a la dimensión que adquiere nuestro tema en el medio latinoamericano, ya que es el que conozco mejor, y en el que, además, la circunstancia que rodea el trabajo cultural es, por cierto, muy distinta a la de otras regiones. En la América Latina, pues, el gran terremoto que nos sacudió a partir de la Revolución Cubana, también sirvió para derrumbar las torres de marfil, que por suerte no eran antisísmicas. Hoy nadie está exento, ni libre de riesgo. El poeta o el pintor, el cantante popular o el novelista, ya no constituyen una élite intocable, garantizadamente ilesa. Ni siquiera la fama sirve como escudo, e incluso llega a ser un riesgo adicional. Dato no despreciable: hay por lo menos treinta poetas que han muerto por razones políticas en las cruentas luchas por la segunda independencia de nuestros pueblos.

De todas maneras, sin llegar a esos extremos, y aun sabiendo que el arte por sí solo no derriba tiranías ni cambia estructuras, debe reconocerse que a través de la historia ha sido, sin embargo, un elemento importante en cuanto a su capacidad de convertir en imágenes, en color,

69

en certero pensamiento, ciertos principios rectores de los pueblos. Y ese sí es un papel irrenunciable del intelectual progresista. Tal vez hoy le corresponda asumir un papel significativo en la tarea de esclarecer el concepto de paz, justamente porque las fuerzas de la reacción tratan de desvirtuar esta palabra, otorgándole una peligrosa ambigüedad. Como si la paz, o la coexistencia pacífica, fueran sinónimos de inmovilismo, y no una vital instancia de la lucha de clases. Justamente, si hoy la paz se ha vuelto por lo menos verosímil, ello se debe en buena parte a la firme posición (tanto política como militar) de la Unión Soviética y demás países socialistas, cuya efectiva y muy concreta solidaridad con los países que aspiran a liberarse (o necesitan consolidar su liberación) del dominio colonial y la prepotencia imperialista, constituye sin duda un factor decisivo en la firme construcción de una paz posible.

La prosperidad colectiva, y su etapa previa, la justicia social, son obligaciones y derechos de todos los habitantes del planeta, y si no asumimos esa obligación y ese derecho, quizá lo que nos espere sea la miseria unánime, la abyecta igualdad que otorga el exterminio. Por eso la paz es un tema urgente y prioritario, pero no menos urgente y prioritario es la justicia, ya que si no se logra cambiar, en un futuro no demasiado lejano, la naturaleza de las relaciones económicas, el mundo puede desembocar en una situación tan explosiva que lleve irremediablemente a la catástrofe.

La verdad es que cualquier esperanza de paz alarma sobremanera a quienes mantienen la guerra como objetivo prioritario, como instrumento de su expansión colonialista, y también (conviene no olvidarlo) como el más productivo de sus negocios. El poder económico y militar de los países capitalistas es todavía cuantioso. Por eso cuesta tanto avanzar en el camino hacia la paz; cuesta bienes, cuesta tiempo y sobre todo cuesta vidas, pero frente a esa concepción inhumana y retrógrada, el mundo progresista tiene un poder moral que no es menos cuantioso y sirve para multiplicar su fuerza y su eficacia militares. De otro modo habrían sido virtualmente imposibles, victorias como las obtenidas en Vietnam o en Angola, donde pueblos pequeños y corajudos derrotaron categóricamente a quienes se tenían por invencibles.

No hay guerra ni paz abstractas, sino muy específicas y concretas. Tanto la guerra como la paz son estados peculiares, que en cada época, en cada región, y a veces en cada frontera, tienen matices distintos. No son comparables la paz ideológicamente creadora, entre dos países socialistas, y la paz, rodeada de tensiones, entre un país capitalista y otro que tenga un gobierno progresista. Tampoco son equiparables una guerra que dependa de meros problemas fronterizos, y otra que haya estado signada por la voluntad de independencia de un país pequeño como Vietnam, frente a un imperialismo ensoberbecido y poderoso.

La guerra, con su contexto de terror, su secuela de destrucción, su obligado freno a los desarrollos culturales, es el *habitat* del imperialismo. Cuando en algún momento la paz "amenaza" instalarse en el mundo mediante convenios de desarme, diálogos constructivos, intercambios culturales, etc., los grandes monopolios y los sectores más reaccionarios de los países capitalistas se sienten incómodos, extrañan el clima. Su ámbito es la guerra: mientras ella se prolonga, venden armamentos en gran escala, siembran el pánico, consolidan (o creen que consolidan) sus ganancias, amplían (o creen que amplían) sus zonas de influencia. Pero hay algo más. Saben mejor que nadie que así como la guerra es su contorno natural, la paz es el contorno natural del socialismo y de los pueblos del llamado Tercer Mundo. Y ésta es una segunda razón, casi tan importante como la primera, para que arremetan implacablemente contra la paz, la desestabilicen, o destruyan, o por lo menos la aplacen. Saben que, en épocas de paz, la cultura se consolida, las masas se alfabetizan, los pueblos se vuelcan al estudio de su propia historia; saben asimismo que alfabetización, cultura y estudio de la historia, llevan a que las grandes masas conozcan el verdadero rostro del imperialismo y nunca más se engañen acerca de sus reales intenciones.

Por eso, porque conocen ese proceso, las dictaduras de corte fascista avasallan siempre la cultura, clausuran universidades, confiscan libros, y sobre todo hacen denodados esfuerzos para que las masas no se alfabeticen. Ahora bien, exactamente por razones de signo contrario, las revoluciones, aun en las más arduas etapas de combate, de lucha popular, se preocupan de alfabetizar, de esclarecer cada vericueto de la historia, generalmente trampeada, deformada, mentida por las oligarquías nacionales que secundan al imperio. Este es consciente de que la paz es su enemigo inconciliable, y por eso fuerza aquí y allá situaciones de insoportable tensión. Es así que cuando los países socialistas, o los del llamado Tercer Mundo, se ven agredidos y en consecuencia arrastrados a conflictos armados, en esas guerras no sólo estarán luchando por su integridad territorial o por su supervivencia como nación; también estarán luchando por la paz. De ahí que pueda decirse que Angola, y antes Vietnam y Cuba, ganaron una batalla por la paz. Cuando en 1961, los mercenarios entrenados y armados por el imperialismo, desembarcaron en la Bahía de Cochinos, el pueblo cubano se levantó como un solo combatiente, y luchó no sólo por su revolución, sino también por su paz, por su alfabetización, por el derecho a leer su Martí. Y cuando las mayorías negras del Cono Sur africano bregan por su derecho a decidir su propio destino, o cuando los negros, chicanos y *ricans* resisten la discriminación en la entraña misma de los Estados Unidos, están luchando por una asunción de la justicia, y en consecuencia trabajan ejemplarmente por la paz. Porque paz sin justicia es siempre una antesala de la guerra.

Es cierto —como bien dice la convocatoria a este Encuentro— que "el mundo está dividido en países y continentes"; es cierto que subsisten guerras y litigios fronterizos. Pero no es menos cierto que el mundo está también dividido en clases sociales, y que la frontera más importante es la que separa una clase de otra; esa frontera no está en la línea geográfica demarcatoria, sino que sencillamente atraviesa los países y los tiempos. Es indudable que —como también dice la convocatoria— el mundo "sirve de hogar a la humanidad" y "la paz de este hogar garantiza la felicidad de sus moradores", pero es no menos indudable que se trata de un hogar bastante desavenido. En realidad, todos los sectores (tanto los conservadores como los progresistas) y todos los países (tanto los grandes como los pequeños) se declaran fervorosos partidarios de la paz. ¿Debido a qué extraña paradoja, entonces, se suceden las guerras una tras otra, en una irrefrenable continuidad? El 27 de octubre de 1917, Lenin exhortaba, en *Izvestia*, a "combatir el engaño de gobiernos que, de palabra, son todos partidarios de la paz y la justicia, pero que, de hecho, sostienen guerras de conquista y rapiña".

¿Se tratará, por ventura, de un problema semántico, y por eso el significado que la paz tiene para unos no coincide ni remotamente con el que tiene para otros? Existe una tendencia algo esquemática, abonada por los diccionarios, a considerar la paz simplemente como *la ausencia de guerra*, o, para decirlo en los blandos términos académicos, como el "estado de un país que no sostiene guerra con ningún otro". Sin embargo, un país puede ser avasallado y sojuzgado por un despótico poder colonialista, y, debido a la desproporción de fuerzas (que no siempre se corresponden con el coraje de los pueblos), la lucha puede cesar. ¿Será ésa acaso la paz que ambicionamos? También un país puede no estar en guerra con otras naciones, y sin embargo puede estar profundamente dividido en su lucha de clases. Si una oligarquía todopoderosa, apoyada en un ejército verdugo, llega a sojuzgar, así sea transitoriamente, a la clase trabajadora y otras fuerzas populares, la lucha puede cesar, al menos por un tiempo. ¿Será por ventura ésa la paz a que aspiramos? ¿Acaso puede existir una paz valedera, con clases y pueblos sojuzgados?

Aun hoy, cuando Europa vive, sin duda, un clima que parece tender a una paz más estable, la situación es, por cierto, muy distinta en África, Asia y América Latina. A los latinoamericanos, por ejemplo, se nos hace muy difícil concebir que estos tiempos sean efectivamente de paz. Y pienso que a los asiáticos y africanos debe sucederles algo parecido.

Hace nada menos que veinticuatro siglos, el viejo Herodoto formuló una definición de semejante dilema en términos realmente impecables: "Nadie es tan insensato que elija por su propia voluntad la guerra antes que la paz, ya que en la paz los hijos entierran a sus padres, y en la guerra los padres entierran a sus hijos." Si esa definición tiene todavía vigencia —y yo creo que la tiene— habríamos de reconocer que sí, que efectivamente estamos en guerra, esa época amarga y decisiva en que los padres entierran a sus hijos. Y no importa que no se trate de guerras protocolarmente declaradas, ni de un gobierno contra otro gobierno. Los gobiernos de Chile, Argentina y Uruguay, por ejemplo, mantienen estrechas, casi idílicas relaciones, pero en cambio están en guerra con sus pueblos respectivos. Zelmar Michelini, senador uruguayo, hombre de paz y de coraje, asesinado hace poco más de un año por las más oscuras fuerzas de la reacción, había dicho en 1972, en una sesión plenaria de la entonces aún no disuelta Asamblea General de Uruguay:

Elegimos el camino parlamentario, la concientización de las masas, la búsqueda de las grandes soluciones colectivas, quizá por modalidad propia o porque siempre fuimos hombres de paz; porque si algún reproche tenemos que hacernos al cabo de unos años, es pagar, casi siempre, un precio excesivo por la paz.

Al parecer, ese precio excesivo (que pagó Michelini con su vida) ha seguido, como los demás precios del mercado latinoamericano, la corriente inflacionaria, ya que en los últimos tiempos el precio pagado por la paz ha alcanzado niveles inauditos, por no decir monstruosos. Sólo en la Argentina han perecido (una parte de ellos en combate, pero la gran mayoría en la tortura, o fusilados) cerca de cuatro mil jóvenes rebeldes.

Lenin diferenciaba "la guerra entre buitres que envían al matadero a millones de trabajadores y explotados en aras de un nuevo reparto del botín saqueado por los bandoleros más fuertes" y "la guerra de los oprimidos contra los opresores por librarse del yugo del capital". Son dos clases de guerras. Quizá la única forma de desenredar esta absurda madeja sea admitir de una vez por todas que, al menos en tierras latinoamericanas, tampoco hay una paz, sino dos paces. La paz que el fascismo nos propone, y la paz que proponen las fuerzas progresistas. Entonces sí todo se entiende mejor, porque resulta que esas paces son contradictorias. Hasta podríamos decir que esas dos paces están en guerra.

¿Cuál es la paz que quiere el fascismo, así sea un fascismo colonial y dependiente, como el que se estila en la América Latina? Evidentemente es la paz de la mansedumbre, de la docilidad, de la injusticia congelada para siempre. Nuestra acepción de paz, en cambio, transita por la justicia social, la equitativa distribución de la riqueza, el trabajo creador y sin plusvalía, el franco ejercicio de la libertad, la asunción de la soberanía, la plenitud cultural del hombre.

Por supuesto, también esta paz tiene su precio. Pero nunca será excesivo, ya que en ese precio está la base de su consolidación. La única forma de conformar las legítimas rebeldías de un pueblo, es reconocerlo como libre, tratarlo con justicia, restituirle lo que es suyo. Este es el precio de nuestra paz, que a nadie pide mansedumbre sino dignidad; a nadie exige sumisión sino entereza. Por eso la paz del pueblo está en guerra con la paz de la oligarquía. ¿Cómo pretenden alcanzar la paz quienes no están dispuestos a ceder ni uno solo de sus privilegios, a renunciar a una sola de sus ventajas, ni a considerar al pobre, al desvalido, como su igual en el derecho a disfrutar los bienes, y a soportar los males, de cada patria?

Alguna vez recordé cierta ilustrativa frase del viejo Tácito, en su *Vida de agrícola:* "Hacen un desierto, y llámanlo la paz." Tal vez no haya hoy palabras más adecuadas para definir la paz que —al menos en la América Latina— propone la reacción: la paz donde nada crece, nada fructifica, nada madura, como no sea la muerte. En semejante desierto, nuestra región de paz es todavía una zona reducida, pero esa zona es desde ya un oasis. Y junto a ese oasis sí empieza a crecer la libertad, a fructificar la justicia, a madurar la patria latinoamericana. De nosotros depende que el oasis irrumpa en el desierto. De nosotros, habitantes de la tierra, depende que la paz derrote para siempre a la guerra.

Como hombres preocupados por el hombre, nuestra obligación es obligar a los belicistas a que acepten la suprema necesidad que la humanidad tiene de la paz. Y cuando más fuerza ideológica, moral, cultural, técnica, y también militar, adquieran los países pacíficos, más cerca estaremos de cumplir con esa obligación. Si la paz que proponen los pueblos está en guerra con la paz que proponen los opresores de los pueblos, nuestra obligación con la paz es ganar esa guerra.

IV. Paco Urondo, constructor de optimismos

Quienes conocimos de cerca a Francisco Urondo sufrimos en una doble dimensión la abrupta noticia de su muerte en combate. Una, prioritaria, ligada a los sentimientos, ya que Paco era un tipo particularmente querible. Y otra, subsidiaria de aquélla pero no menos honda: la resistencia a admitir el hecho, casi la imposibilidad de imaginar a Paco para siempre inmóvil, ya que era un ser excepcionalmente vital, de esos que uno pudo creer vacunados contra la muerte.

A veces pasábamos años sin vernos, pero encontrarnos era reanudar un largo diálogo, siempre coloreado por su innata alegría, por su inventiva verbal, por sus maduras certidumbres. Así nos cruzamos en Montevideo, en Buenos Aires, en La Habana, en París, en Argel. Precisamente en esta última y luminosa ciudad —donde fuimos invitados como observadores al Primer Festival Panafricano de Cultura, en julio de 1969— tuvimos ocasión de hablar largo y tendido, ya fuera entre discurso y discurso de los delegados al Simposio, o recorriendo los quebrados callejones de la vieja Kashba. Recuerdo, por ejemplo, cuánto discurrimos en un café de la célebre plaza del Emir Abdel Kader, a la vista de una muchacha, linda y árabe, que subió a un taxi y prestamente se desprendió del velo y de todo el atuendo tradicional como de una cáscara inservible para quedar a disposición del futuro en ahorrativa minifalda.

La última vez que lo vi fue en Buenos Aires, a fines de 1974: desde la plaza del Emir Abdel Kader hasta la Diagonal Norte habían pasado cinco arduos años, durante los cuales su coherente e indeclinable militancia lo llevó a correr diversas suertes, que en definitiva eran una sola: clandestinidad, cárcel, amnistía, fugaz legalidad, nueva etapa clandestina. De aquel casual encuentro, recuerdo que me impresionaron su madurez, su serenidad, la firmeza de su convicción, el realismo de sus pronósticos No obstante, bajo aquel nuevo, lúcido y responsable dirigente político, volví a encontrar al muchacho de siempre, alegre y cálido, ocurrente y vital. En él la risa era algo así como su identidad. Siempre pensé que Paco, cuando debía llevar una vida ilegal, no tenía más remedio que ponerse serio, ya que en él reírse era decir su nombre.

Creo que en ninguno de nuestros encuentros hablamos de poesía, aunque cada uno sabía lo que estaba haciendo el otro y éramos conscientes de más de una afinidad; pero cuando conversábamos los temas eran la política, Cuba, el Che, la encrucijada hacia la que iban nuestros países, y, en momentos más laxos, el tango, el fútbol, los vericuetos del amor, tema éste último que lo fascinaba y al que se refería —no había términos medios— en masticados monosílabos o en prolongadas confesiones.

La estimulante y afectiva experiencia de releer ahora, de un tirón, toda la poesía (publicada) de Paco, es llegar a conclusiones que no distan demasiado de aquellas intermitentes compulsas. Desde *Historia antigua* (1956) hasta los últimos poemas publicados en la revista *Crisis* (1974), hay una circulación interna que tiene que ver fundamentalmente con su alegría de vivir. En su poesía Paco nunca se enmascaró, tampoco se emboscó en la vanidad, ese talón de Aquiles del artista; jamás se permitió mentiras piadosas, ni siquiera consigo mismo. Sus veinte años de poesía son un testamento de sinceridad, de fructuosa búsqueda de su (y de la) verdad, pero son además una indagación sin petulancia, sin soberbia, con la modestia que da el orgullo, con el candor que brinda la certeza. Para las lavanderías de cerebro que quieren hacernos creer que un revolucionario es un delincuente, un asesino, un desalmado, Paco es la más rotunda desmentida: nadie más generoso, más honesto, más *almado*.

En esos primeros —y ya firmes— pasos, empieza siendo un testigo de la naturaleza, pero un testigo que apenas roza las cosas y los prójimos con las palabras, y deliberadamente mezcla lo general con lo particular: "La hormiga pasea alrededor de la gorda naranja. La naranja es dorada, jugosa, correntina, y el camino infinito" ("La hormiga"); "Volarán los pájaros silvestres, las islas vencerán a las palabras: el silencio sagrado sobre el mundo"

("Ojos grandes, serenos"); "Ella se salva y crece sobre mis fisuras, sobre la piel que se ha secado, sobre el tambor que suena lejos. / Ella también será el primer amor para alguien" ("Hija"). Ya desde entonces se consagra a la ardua empresa de fundar su optimismo. Por lo pronto, en el "Bar 'La Calesita' " se siente "ferozmente feliz". En "El ocaso de los dioses", y en un contexto de soledad y abandono, alza sin embargo su voz jocunda: "Dueños del incendio, de la bondad del crepúsculo, de nuestro hacer, de nuestra música, del único amor incoherente; soberanos de esa calle donde los tactos y la imprecisión hicieron su universo". Es casi un optimismo a pesar suyo: todos los datos del mundo circundante apuntalan entonces una frustránea sordidez, parecen conducir inexorablemente a la derrota.

Sin embargo, el poeta es un optimista, pero no un iluso; quizá por eso decide generar nuevos datos, nuevas referencias que concurran a sostener su optimismo. Después de todo, la producción de nuevos datos también se llama militancia. Paso a paso, poema a poema, riesgo a riesgo, este poeta construye su optimismo, que nunca es un delirio triunfalista sino la justificada esperanza que acompaña su proceso ideológico. Y en ese desarrollo todo sirve, todo concurre al esfuerzo colectivo, comunitario. En consecuencia, no hay que descuidar ni un solo detalle: "Se ha perdido otra chispa, no podremos inventar el fuego" ("La última cena"). La chispa es comunicación, persuasión ideológica, conciencias reclutadas para la verdad. La chispa hace la llama; la llama hace la hoguera. Si perdemos una chispa tras otra, no podremos inventar el fuego ni la revolución. Los poemas de Paco, aunque de aplomado lirismo, y por tanto de una consciente carga subjetiva, no se desconectan del prójimo, del contorno, del mundo. Hasta en las crisis de soledad, el prójimo comparece con su ausencia ("Hay niños en soledad, manos que no asirán, ojos inocentes que pueden descubrir el escándalo. Veo sus gritos en la noche") y si el poeta lo detecta es porque lo sigue teniendo en cuenta, lo sigue necesitando. Ello se nota especialmente cuando echa de menos, no a *una* mujer sino a *la* mujer genérica, universal antes de ser privada: "Digo, frente al sol de abril, sobre esta baldosa calcinada, sin mujer, sin caricia circundante, hepáticamente embotado, sonriendo por tradición, sin pasajes, sin ganas, con sangre, con pulso irregular: caramba, caramba" ("A saudade mata a gente").

Lugares (libro publicado en 1961, aunque escrito en

1956-57) arranca con una nueva arista en la lenta construcción del optimismo: "Vida linda y fuerte / ésta // vida grande / difícil de vivir" ("Garza mora"). Esta intersección de dos planos: *linda* y *fuerte*, pero también de otros dos: *grande* y *difícil*, muestran algo importante: aun en esa fecha temprana, está saliendo del confinamiento individualista para acceder a la realidad que —no tan compulsivamente como la de su última etapa, pero desde ya imperiosa y urgente— lo rodea y lo alude. Y también comienza a preocuparle otra tarea, casi diría otra misión: que el pueblo que él integra tome conciencia de esa realidad. Indirecta pero claramente, dice en "El sueño de los justos": "Todos duermen // alguien / pasa y mira / el lugar / donde duermen // andan / entre el sueño / y el alba". Y si en uno de sus *Breves* (1959) comprueba que "un fantasma recorre la tarde ... // un fantasma / una voluntad // una esperanza / de ser limpiamente libres / como las hojas al relente", luego, en los dos últimos de la primera serie, palpa asimismo el otro y dificultoso plano de la arista: "hay que pasar la noche / tocar la oscuridad". Sólo tocando la oscuridad, aprehendiéndola y aprendiendo, se adquirirán los "nuevos ojos para mirar / estas costas // leña para el invierno // pajaritos".

Manera tan peculiar, de emoción envolvente, de imagen límpida; alerta sensibilidad que nunca pierde la cabeza; una y otra estarán presentes en todo el curriculum poético de Paco, aun en sus últimos tramos, tan candentes y urgidos. Años después de ese compromiso que es apenas el escorzo de una relación destinada a ser verosímilmente trágica, el poeta termina así "Por soledades", poema esclarecedor que en su veintena de versos recorre puntualmente el proceso lastimero de algunos sectores populares que caen en las trampas sutiles del enemigo, y se difaman, y persiguen quimeras, y marginan la penosa esperanza:

Y ésta es la triste historia de los pueblos derrotados, de las familias envilecidas, de las organizaciones inútiles, de los hombres solitarios, la llama que se consume sin el viento, los aires que soplan sin amor, los amores que se marchitan sobre la memoria del amor o sus fatuas presunciones.

O sea que en el tiempo la convicción del poeta se ha fortalecido, la ideología ha madurado, el diagnóstico ha aprendido rigor; por otra parte no ha decrecido la economía formal, la autoexigencia artística, la necesidad de que el poema político sea ante todo *poema* para llegar a ser cabalmente *político*. Lo cierto es que Paco, aun en las jornadas de más arriscado vaivén, nunca dejó de ser un intelectual, en el mejor sentido de la palabra y del oficio; por el contrario, dignificó esa condición, la limpió de adherencias, clarificó sus normas y también la defendió de prejuicios deformantes e injustos.

Ahora que ningún prejuicioso, con la muerte de Paco en la mano, se atrevería a desconfiar de su siempre disponible valentía, cobran mayor significación y fuerza ejemplar las palabras que escribiera a fines de 1974, en la revista *Crisis* (Núm. 17, pág. 37):

> Los problemas ideológicos impuestos a todo el mundo por la clase dominante se patentizan con más ahínco en los intelectuales y artistas. Tal vez por esto, ellos presentan una característica singular: generalmente —con razón o sin razones—, aunque haya entre ellos buenos y malos, son tratados como si fueran siempre malos. Suscitan una desconfianza a priori, un prejuicio. Y esto es malo, porque los prejuicios empujan, quitan espacio, alientan debilidades, sectarizan y terminan convirtiendo al destinatario de esa subjetividad, en algo bastante parecido a lo que el prejuicio anunciaba. Y no se trata de que el prejuicio venga a ser algo así como una presunción. Más que profetizar el prejuicio prefigura ... No llenemos de piedras el camino. Es necesaria la presencia de los intelectuales en las organizaciones populares. Son importantes para el cuerpo global de la sociedad y para la clase que debe homogeneizar el proceso revolucionario. Habrá que combatir las deformaciones ideológicas, pero no con prejuicios, sino con realidades. Cuando existe una apelación al prejuicio es porque no hay buenas razones, y los revolucionarios deben tener buenas razones.

Si se considera que este autor es uno de por lo menos treinta poetas que en América Latina han pagado con sus vidas su militancia revolucionaria (amén de escritores de otros géneros, y de los poetas presos, torturados, secuestrados y desaparecidos, que no son pocos, y por supuesto de los que afortunadamente siguen aún generando poesía y militancia, que son más aún) tomar en cuenta el sereno llamado a la reflexión que, desde su máximo nivel de compromiso, hacía Paco en aquellas páginas de 1974, sería sin duda un buen homenaje que los revolucionarios de América Latina podrían consagrar a un poeta que murió combatiendo.

Pero volvamos a su poesía, sin olvidar, claro está, la cálida y constante inserción en su medio. A partir de *Nombres* (libro publicado en 1963, aunque escrito en 1956-59), la objetividad pasa a ser una hazaña. Un temperamento de rica afectividad, como el de Paco, debe haberse impuesto conscientemente una precisión y un difícil rigor como deliberado distanciamiento frente a sus temas, en los cuales es creíble que casi siempre estuviera inmerso. Quizá ese distanciamiento le habría sido más fácil si hubiera seguido la línea de los llamados *invencionistas* (poetas argentinos de las generaciones del 40 y del 50, liderados por Edgar Bayley) que, aun con variantes, eligieron el rumbo del arte puro, pero Urondo —como Juan Gelman, sin duda el más cercano a su poesía y a su actitud, y en algún sentido también como el César Fernández Moreno de *Argentino hasta la muerte*— elige un rumbo existencial: allí el mundo privado y el contorno mantienen una relación osmótica, y es la propia poesía la que oficia de tabique poroso, intercomunicante.

Si en la poética de Urondo, tal como ha sido destacado por Horacio Jorge Becco,[1] confluyen "la experiencia formal que tiene en Oliverio Girondo uno de sus hitos más importantes y otra de un decantado lirismo que, a partir de Juan L. Ortiz, señala la posibilidad lírica sin aditamentos alegóricos", eso es cierto sobre todo en las primeras etapas de esa trayectoria. A partir de *Nombres* y sobre todo de *El otro lado* (publicado en 1967, pero escrito en 1960-65) y *Adolecer* (publicado en 1968; escrito en 1965-67), la poesía de Paco rompe el envase imaginero de Girondo y se vuelve mucho más comunicativa y depurada que la de Juan L. Ortiz, acercándose poco a poco (después de establecer puentes con Baldomero Fernández Moreno y Raúl González Tuñón) a la familia latinoamericana de poetas coloquiales o conversacionales, que incluye a Roque Dalton, Jorge Enrique Adoum, Roberto Fernández Retamar, Ernesto Cardenal, y por supuesto a sus compatriotas Juan Gelman y César Fernández Moreno.

La objetividad significa entonces una hazaña, porque Urondo se mete (no podía no hacerlo) con temas insoslayablemente porteños que arrastran una blanda retórica y una tradición de subjetivismo, difíciles de arrojar por la borda. Digamos, por ejemplo: el tango. Me consta que

Paco fue siempre un hedonista del tango, pero quizá por eso no quiso escribir poemas a su imagen y semejanza. La filosofía tanguera, con su pesimismo y su ritual melancolía, es a menudo un telón de fondo en esos poemas, sobre todo en los de amor y desamor. Pero justamente en ellos, Paco ha refinado su instrumento, decantado su voz, acentuado su autocrítica, a fin de que el ámbito tanguero asome corregido y sin afectación, expurgado de melindres, con los ojos abiertos y duchos. Es posible que sus poemas amorosos sean tangos, o su equivalente literario, pero en todo caso serán tangos lúcidos, descarnados. Creo que "Y ella me amaba" puede ser un adecuado botón de muestra:

> ha tenido el resplandor del tiempo
> que en ese momento podía pertenecerle
>
> ha visto el rencor y el fracaso
>
> pero nunca la factura o la forma
> de este tiempo que ahora sí le toca vivir
> —no hay piedad para quien vive acumulando sus sueños
> para quien resiste ante su memoria—
>
> puede olvidar un sabor amargo o lejano
> los sueños de entonces
> la luz que cae con el día perdido
> con esa sombra que lastima y a nadie pertenece

La cursilería no tiene cabida en esos once versos, que sin embargo, podrían ser una provincia del tango. "No hay piedad" dice el texto, y esas tres palabras establecen la necesaria distancia, entre otras cosas porque el tango tradicional es un cruce de piedades. Y por fin, ese último verso, "con esa sombra que lastima y a nadie pertenece", es de alguna manera un veredicto, una prudente condena, expresada con sobriedad y con firmeza, como quien propina un regaño a un ser querido.

En "Carta abierta", que además de excelente poema es casi un tango-ensayo-biografía, el lector halla de pronto unos versos de estricto cuño tanguero: "nunca / podré perdonarte el daño que me has hecho", pero enseguida el texto agrega: "que has dejado hacer", dándole así una dimensión poética y hasta psicológica que excede y transforma la morbidez primera, para luego redondear el juicio: "aquello que nunca llegaste a conformar: una sombra merodeando / cada fisura, buscando deslizarse y tomar vida y permanecer". El tango es entonces iluminado por la poesía, y el deslinde se justifica en el verso que sigue: "Ya dije que no era esto una confesión, sino un ajuste, una memoria".

Años después escribe los *Poemas póstumos* (1970-1972) y en el titulado (imposible ser más tanguero) "Adioses", hace un inventario, entre nostalgioso y mordaz, de muertes varias (Oliverio, lugartenientes, gladiadores anónimos, Emilio, un corrector del diario, Beatriz, un bravo capoerista, Celia, Moisés Lebensohn, la tía Teodolinda, etc.), y en medio de ese matizado repertorio, suelta un dato confidencial: "Murió mi eternidad, pero nadie se ha dispuesto a velarla." Ahí el tango se vuelve constancia autobiográfica, porque, claro, es su transformación ideológica la que ultima a la pobre eternidad.

En *La realidad y los papeles*, César Fernández Moreno cuenta que en una de las reuniones orales de la revista *Zona* (en cuya dirección figuraron Urondo y el propio Fernández Moreno) al reivindicar el uso del lenguaje popular, el voseo y el lunfardo, se admitió: "Preferimos el manoseo a la solemnidad."[2] Nadie más lejos que Urondo de la solemnidad, pero justo es reconocer que nunca cayó en el manoseo, casi sinónimo de populismo. Si alguien tuvo bien claro que el populismo no era un camino revolucionario, ése fue Paco. Su lenguaje poético es probablemente uno de los más claros de la generación del 50 (aun el notable Gelman tiene zonas de ardua comprensión). Y semejante claridad no vino por azar, sino que figura en sus propósitos, en su intención primaria. Cuando se trata de formular algunas ideas sobre la poesía, responde en el primer número de *Zona* (1963):

Hablar de poesía es una tentación. A lo mejor, una necesidad. De todas formas, confieso que para mí no es tarea fácil explicar sistemáticamente la manera en que se forma: cómo acuden a vincularse y a construir una entidad nueva la lucidez, la memoria y los sueños. Cómo esta entidad desencadena un nuevo tipo de experiencia humana tan diferente de otras. Y, además de las contingencias de la creación y de los sucesos que provocan el hecho creador, está la vasta materia poética, común a todos los hombres, pero que suele comprometer la intimidad de alguien que a su vez debe seleccionarla para construir inexorablemente un poema, para que esa materia tome forma. También están las palabras, esas tiernas cosas al

decir de Sherwood Anderson, las palabras que cambiarán de
sentido, según Apollinaire, las palabras tal vez forzadas para
decir algo más, pero también para nombrar permanentemente
los mismos conflictos a través del tiempo o de los nuevos
conflictos que el tiempo impone; las palabras exigidas en el
poema para donar una riqueza más al lenguaje, a la comunicación más completa y profunda de los hombres.

La comunicación más completa y profunda de los
hombres: preocupación que siempre fue cardinal en la
poesía de Urondo. Y su proeza es mayor porque su
lenguaje sencillo y claro no conspiró contra la profundidad, ni viceversa. Él, que como ser humano dio la
máxima prueba de heroísmo, nunca hizo gárgaras con el
coraje; más bien trató de calar hondo en el miedo legítimo, inexorable. Desde uno de sus incanjeables poemas de
amor ("Sonia") en que confiesa: "Querida mía: tengo
miedo de sufrir. Mejor dicho: no quiero / que se den
cuenta", hasta en "Del otro lado" donde acepta: "no
sabemos qué hacer con el miedo." Sabemos que está
pensando en sí mismo cuando dice de su abuela española: "pero ella tenía miedo y creía en su miedo" ("Los
nietos y sus designios"). En *Son memorias* (1965-69) hay
un poema, "Acaudalar", donde también comparece el
miedo a vencer: "No tengo / vida interior: afuera / está
todo lo que amo y todo / lo que acobarda." Una de las
pocas veces, si no la única, en que hace referencia a su
propio coraje, se apresura a efectuarle un descuento:
"¿Qué será esto de tener coraje y estar inseguro? " ("Más
o menos").

Tendrá que aproximarse expuestamente a su desenla-
ce, para citar con sabor propio, con premonición de
sacrificio, la frase de Martí: "Osar morir da vida", y
agrega:

Cuando se considera a la vida una propiedad privada, sólo el
heroísmo, con su carga de posteridad o, en el mejor de los
casos, de búsqueda de inmortalidad, permite la osadía de
ponerla en riesgo. Pero el sentido de la osadía que propone
Martí no es individualista, sino que responde a una concepción
ideológicamente más generosa. Porque la vida no es una propiedad privada, sino el producto del esfuerzo de muchos. Así la
muerte es algo que uno no solamente no define, que no sólo
no define el enemigo ni el azar, que tampoco puede ponerse
en juego por una determinación privada, ya que no se tiene
derecho sobre ella: es el pueblo, una vez más, quien determina

la suerte de la vida y de la muerte de sus hijos. Y la osadía de morir, de dar, y, consecuentemente, ganar esa vida, es un derecho que debe obtenerse inexcusablemente.[3]

Pocas veces una decisión suprema ha sido dicha con tanta austeridad, con tan poco escándalo. De ahora en adelante, cuando se diga que el poeta no debe escribir *para* sino *desde* el pueblo, será inevitable pensar en Francisco Urondo. No es fácil encontrar en la actual poesía latinoamericana voces que ensamblen tan exactamente con esa acepción. Por eso escapará siempre al populismo: porque al populismo apelan quienes residen fuera del pueblo. Y Paco, en cambio, siempre fue pueblo. Quizá por eso tuvo un candor muy particular para decir su malicia; quizá por eso fue un especialista en lo que alguna vez calificó de "implacable bondad". Sus libros, como sus actitudes, siempre fueron formas y métodos de reclutamiento para su profesión de fundada alegría. La tristeza ajena le era tan insoportable como la propia, y era inconfundible su forma de dar consuelo y ánimo con los labios casi cerrados, como si sus palabras sintieran el recato de ser bálsamo, o como si no tomara en serio su rara capacidad de confortación. No sólo fue un constructor de su propio optimismo sino que ayudó a construir los optimismos del prójimo.

Fue un testigo participante, un conjurador de soledades, incluida la propia, claro, pero nunca excluida la del semejante, la del compañero. Su concepción del amor fue una búsqueda, y su apuesta estuvo siempre a favor de la felicidad y no de la ruptura, o la frustración. Sus poemas están llenos de referencias a amores del pasado, pero es fácil intuir en ellos que nunca dejaba de amar, ya que una y otra vez volvía a barajar ese sistema de seducciones recíprocas que forjan un amor, a veces en largos años, y otras, en un parpadeo. Aun en un poema tan sufrido como "Carta abierta", quizá el punto más alto de esta obra singular; aun en ese poema donde un transido verso: "Querida mía: soy un hombre que te pierde", incluye una transparente ansiedad, sólo comparable a la del célebre "Francisca Sánchez, acompáñame"; aun en ese poema de un desamor perpetrado en incontables alarmas y desencuentros, aun así, el poeta abre la carta como una puerta, como un modesto vaticinio: "Así, esta carta puede ser muy bien una despedida / o una invitación para que abras ese calor que he conocido / a tu lado; esa promesa; ese amago."

86

Su optimismo era incurable, pues: "Nada hay más hermoso que vivir, aunque sea perdiendo" ("Los gatos"). Y tenía razón. Quede el pesimismo para los esclavos de su propia pesadilla, para los que sobrevuelan como buitres su catástrofe privada. Sólo quien alcance un colmo de optimismo tendrá fuerzas para ofrendar la vida. Seguramente habrá quien halle absurdo hablar de realizado optimismo en relación con alguien que cayó en la lucha y por consiguiente no llegó a la victoria, pero Paco (y ahí están sus textos para refrendarlo) jamás hizo cálculos en términos personales, egoístas, sino en dimensión revolucionaria, en espacio de historia. Y es ahí que tenía, y sigue teniendo, razón.

> Y la historia de la alegría no será
> privativa, sino de toda la pendencia
> de la tierra y su aire, su espalda y su perfil,
>   su tos y su risa. Ya no soy
> de aquí; apenas me siento una memoria
> de paso. Mi confianza se apoya en el profundo desprecio
> por este mundo desgraciado. Le daré
> la vida para que nada siga como está.

La dió el 17 de junio de 1976. Y con esa suprema muestra de confianza en su pueblo, de certeza en el cambio, de apuesta a la justicia, puso el último y costoso ladrillo en la pirámide de su optimismo revolucionario.

NOTAS

1 En *Enciclopedia de la literatura argentina*, dirigida por Pedro Orgambide y Roberto Yahni, Buenos Aires, Editorial Sudamericana, 1970, págs. 607-608.
2 *La realidad y los papeles*, Madrid, Aguilar S. A. de Ediciones, 1967, pág. 402.
3 En *Crisis*, Buenos Aires, núm. 17, septiembre de 1974, pág. 37.

V. Haroldo Conti: un militante de la vida

En la narrativa de todos los tiempos, latitudes y lenguas, siempre ha habido una importante franja reservada a la aventura. La aventura incorpora riesgos, rumbos y paisajes que para cualquier lector no anquilosado significan una refrescante e higiénica gimnasia de la atención y de la expectativa. De ahí que niños y adolescentes, con sus esperanzas aún no defraudadas, con su confianza invicta, sean los lectores ideales, los más aptos receptores de la narrativa aventurera; pero aun lectores adultos y (en todo sentido) maduros suelen aproximarse a esos relatos, que con su vitalidad y su imaginería sirven inmejorablemente para sacudir rutinas y paliar frustraciones de la vida cotidiana.

Esto viene a propósito de *Mascaró, el cazador americano*, la reciente novela del argentino Haroldo Conti, que obtuvo en ese género (con otra valiosa obra, *La canción de nosotros*, del uruguayo Eduardo Galeano) el Premio Casa de las Américas 1975. No descarto que algún entusiasta lector de Conti considere que encasillar a *Mascaró* en el rubro "novela de aventuras" signifique de alguna manera subestimar su nivel. Pero ¿acaso no son en esencia novelas de aventuras, obras tan magnas como *Don Quijote, Ulises, El tambor de hojalata y Cien años de soledad*? No obstante conviene aclarar que *Mascaró* no es *sólo* eso; hasta me atrevería a decir que la *aventura* es allí casi un pretexto alegórico para expresar y sugerir otras preocupaciones, convicciones y esperanzas. Es claro que si éstas crecen y se afirman simultáneamente en autor y lector, ello se debe en gran parte a que el "pretexto" ha sido construido con un ejemplar rigor narrativo y una vocación de entretenimiento que pocas veces se encuentra en la novela latinoamericana. Para hallar una obra artística en cierto modo afín a la de Conti, quizá habría que retroceder hasta un filme: *La Strada*, de Fellini. Y no sólo por la obvia presencia del circo ambulante, sino sobre todo por la dignificación de los sentimientos populares (aun aquellos que lindan con la cursilería), presente en ambas obras.

Pero si Fellini, en su marco italiano, recurría a una galería de personajes y situaciones que constituían algo así como un *delirio de pobrezas*, Conti construye un delirio semejante en la vasta planicie del subdesarrollo latinoamericano. (Cualquier lector medianamente familiarizado con la geografía o la historia continentales, hallará en alguno, o en varios, de los pasajes de la novela, nombres de lugares o personas que la memoria y las vivencias de Conti han extraído de algún país en particular para asimilarlas al gran fresco de la realidad latinoamericana.

Los personajes de *Mascaró* pueden a veces parecer fantásticos, pero ello no significa que sean inverosímiles; tal vez sólo sean modestamente libres, y padezcan por ello menos inhibiciones que los personajes de la realidad. Uno tiene la impresión de que el Príncipe Patagón, Oreste, el enano Perinola, el enigmático Mascaró, el Nuño, Carpóforo, la monumental señora Sonia y hasta el desvencijado león Budinetto, de alguna manera han encontrado la clave para vivir plenamente su mejor realidad posible, desprendiéndola de los muchos simulacros y variadas tentaciones que la acechan e intentan desvirtuarla.

Acaso no sea *Mascaró* una novela con mensaje explícito; incluye en cambio una nutrida serie de mensajes secretos, casi clandestinos, que no tienen por qué ser los mismos para cada lector. Uno de esos mensajes cifrados que por lo menos a mí como lector me ha trasmitido, expresa que para cada ser humano hay siempre una *libertad posible*, una libertad que por supuesto no siempre coincide con la imponente libertad abstracta que suele figurar en la oratoria de los serviles, los hipócritas, los opresores y los verdugos. Los personajes de Conti conocen los límites de su libertad particular, pero también saben aprovecharlos al máximo. Y saben además de qué modo integrarse en un concepto de libertad mayor, a fin de que cada libertad particular no entre en colisión (o en malentendido) con las de sus vecinos.

Quizá sirva para explicar esa actitud el insólito curriculum del autor, que en sus cincuenta años ha sido (además de escritor): seminarista y bancario, pescador y maestro, tripulante y constructor de veleros, estudiante de filosofía y camionero, piloto civil y cineasta. Cada oficio enseña un modo de ver el horizonte, y también una variante de ser libre. Quizá por eso el Gran Circo del Arca, que, al ir de pueblo en pueblo, sólo propone a sus habitantes una aparente magia que acaso sea una realidad apenas prolongada, va despertando de a poco el celo represivo de los "rurales", y cuando las paredes empiezan a cubrirse de *bandos* que señalan y acusan a Mascaró, todos y cada uno de los integrantes del circo pasan a ser los "alias" del *buscado*. "Quiere decir que en cierta forma hemos estado conspirando todo este tiempo —dice Oreste, más bien divertido". Y el Príncipe contesta: "En cierta forma no. En todo. El Arte es una entera conspiración. ¿Acaso no lo sabes? Es su más fuerte atractivo, su más alta misión. Rumbea adelante, madrugón del sujeto humano." Y es aproximadamente cierto. Con su humor rampante, con su alcanzable desmesura, con su alegría de vivir, con su propuesta de riesgo, el Gran Circo del Arca (y, por extensión, el libro entero) siembra, acaso sin proponérselo, una voluntad de cambio, profunda y sacudidora. Al final el circo se deshace, o mejor dicho se descompone y recompone en sus múltiples rostros cotidianos, pero la voluntad de cambio permanece y germina, y en la última página, cuando Oreste da simbólicamente por terminada la función, es probable que otra función empiece en el libre territorio del lector.

En su más honda verdad, *Mascaró* es una metáfora de la liberación, pero expresada sin retórica, narrada con fruición, atravesada de humor. Conti parece decirnos que, en América Latina al menos, las faenas liberadoras no tienen por qué enquistarse en la grandilocuencia de los viejos himnos, en el maniqueísmo de los discursos, en los esquemones seudoprogramáticos. En la parábola de *Mascaró* campea un gusto por la vida, una espléndida gana de reír, como si quisiera indicarnos que las instancias liberadoras no son palabras ni posturas resecas, sino actitudes naturales, flexibles, creadoras; y son ese dinamismo y esa alegre voluntad de participación, los que casi inadvertidamente posibilitan la integración de Mascaró, el jinete de misterioso y obvio compromiso, que se incorpora a la última etapa del circo, parapetando su condición real detrás de la ficción popular. Mascaró se enmascara; el arte lo protege sin reproche, lo acompaña sin pedirle cuentas, lo admira sin decirlo. El Príncipe Patagón, para quien el circo constituía un moderado paraíso, no vacila en desbaratarlo en beneficio y protección del insurrecto, en tanto que Oreste, aprehendido y torturado al fin por los "rurales", responde siempre *sí* a todas y cada una de las preguntas conminatorias, y es detrás de esa gran afirmación que protege a los suyos. Oreste es aquí un hombre de transición. Y si el autor nombra a su personaje como Mascaró "alias la vida", este Oreste, alias Conti, termina siendo un militante de la vida.

VI. Borges o el fascismo ingenioso

Es probable que para los críticos y lectores europeos, Jorge Luis Borges constituya un dato fácilmente encasillable: literato de primerísima categoría, o sea alguien que escribe tan bien y con tanto rigor y tanta calidad, que "hasta podría ser europeo". Para ciertas desinformadas élites intelectuales de Londres o París resulta después de todo una agradable sorpresa que estas tierras de violencia y barbarie, de selvas y maniguas, de dictaduras y analfabetismo, hayan sido capaces de alumbrar un artista que conoce incontables idiomas, religiones marginales, filosofías afluentes, y que, por añadidura, escribe con un total dominio de la lengua española. La persona y la ideología borgianas pasan poco menos que inadvertidas ante el pasmo que produce este "buen salvaje" que cita versos de Boileau y aforismos de Heráclito, ama el sánscrito y abomina del tango.

Para los latinoamericanos, en cambio, el tema Borges tiene otra dimensión, otras connotaciones y también otras responsabilidades. El hecho de que el escritor rioplatense de más renombre internacional sea además uno de los personajes más reaccionarios del mundo contemporáneo, no hace sino complicar el enfoque y por supuesto distorsionar el juicio, sobre todo porque la Argentina es probablemente el único país de América Latina que posee —dentro de un panorama general que incluye escritores y artistas muy comprometidos con su pueblo— un núcleo compacto y coherente de intelectuales raigalmente conservadores.

De ahí que no sea asombroso que, tanto en Argentina como en el resto del continente, muchos intelectuales, conquistados por el alto nivel artístico de Borges, tiendan a disculparle exabruptos, desplantes o meras declaraciones, que jamás serían tolerados si el exponente fuera un intelectual de poca monta. Es así que, cuando Borges emite alguno de sus cavernarios pronunciamientos políticos, los fervorosos partidarios de su literatura niegan que el escritor se haya propuesto, en tal o cual frase lapidaria, un planteo político profundo; según ellos, se trata de simples ejercicios de ironía y humor verbales, sin mayor rigor ni profundidad. En consecuencia, no hay por qué tomarlos en consideración cuando se trate de enjuiciar y/o disfrutar su literatura. El escritor Borges estaría así más allá, no sólo del bien y del mal sino también de la revolución y del fascismo.

Tal actitud tiene su contrapartida; quienes se sienten profundamente agraviados por los desplantes reaccionarios de Borges, tienden, por un reflejo casi automático, a desprestigiar o ignorar su literatura. Lo cierto es que ni los panegiristas ni los detractores hacen por lo general el esfuerzo de establecer comunicación entre ambos Borges: el escritor y el opinante político.

Esta tarea, nada sencilla por cierto, ha sido emprendida por el novelista, ensayista y dramaturgo argentino Pedro Orgambide en su libro *Borges y su pensamiento político*, recientemente editado por el Comité de Solidaridad con el Pueblo Argentino (Casa Argentina) de México. Seguramente habrá que profundizar más aún en esta tarea pero desde ya el libro de Orgambide aparece como un enfoque serio y aleccionante. A partir de su lectura será difícil seguir sosteniendo que las opiniones políticas de Borges son meras *boutades*, salidas ingeniosas, arrogantes paradojas, sarcasmos de intelectual. Orgambide demuestra que en Borges hay una ideología política que no sólo aflora en sus descaros sino que vertebra toda su obra literaria. Y la indagación es particularmente valiosa porque viene de alguien que empieza por reconocer el deleite que los libros de Borges le han deparado. O sea que esta vez no se trata de un enfoque esquemático ni maniqueo, sino de un estudio responsable y esclarecedor.

Del mismo resulta que, aunque la actitud antiperonista de Borges se haya consolidado frente al primer triunfo del peronismo, ya había variados e importantes antecedentes en algunas etapas previas: por ejemplo cuando, a pesar de recibir su influencia, se aparta de la "lacrimosa estética socialista" de Evaristo Carriego, o cuando enjuicia severamente el *Martín Fierro*, ese "siciliano rencoroso", o cuando califica a Elías Castelnuovo, Álvaro Yunque, Leónidas Barletta, Roberto Arlt y otros escritores preocupados por los problemas sociales y políticos, de "poetas del mal humor obrero". Orgambide señala con acierto que "ni la 'chusma bravía' ni el gaucho pendenciero (otro calificativo de Borges para referirse al gaucho de Hernández) contaron con la simpatía del escritor que, no obstante, siguió visitando el suburbio desde la literatura". El crítico usa la palabra exacta: *visitar* el suburbio. La calidad literaria con que Borges lleva a cabo esa visita, nos hace olvidar a veces su distanciamiento ante un ámbito que simultáneamente lo atrae y lo repele. El admirador de Berkeley y Croce, de Schopenhauer y Chesterton; el erudito que a los ocho años ya había escrito *en inglés* un compendio de mitología griega; este artífice que enriquece el idioma trasplantando los modos de adjetivación anglosajona, se acerca al suburbio como hipnotizado, casi como deslumbrado, pero su deslumbramiento tiene más bien la ajenidad y el estupor del europeo, y también la mirada culta pero blanda, enterada pero pusilánime, la mirada burguesa, en fin, que se desconcierta o se estremece ante el coraje.

El discurso político de Borges, ese que a través de los años va atravesando y dando sentido a sus ficciones y a sus veredictos, no es por cierto una ambigua trayectoria sino una larga y bien estructurada agresión a las fuerzas populares de su país y de otras tierras, ya se trate de ácratas o socialistas, comunistas o peronistas. No hay allí concesiones ni desviacionismos, ni siquiera los previsibles aflojes que un elemental pragmatismo suele aconsejar a los políticos. Borges no es un político, sino un escritor que opina sobre política, y en consecuencia puede, en su actitud totalitaria, ir más lejos que cualquier dirigente político o sindical; paradojalmente, tal libertad de acción, hace que sus ideas queden más expuestas, más al descubierto.

Cuando Borges dice —y Orgambide lo recuerda— que en ciertas circunstancias una multitud "puede no ser innoble", o cuando declara en Chile: "los imperios no me parecen censurables", en realidad está acompañando y confirmando el pensamiento político, inserto en su obra, aparentemente tan despojada y austera. Un relato como "La fiesta del monstruo" en que abomina, no sólo del peronismo sino sobre todo de los grandes sectores del pueblo argentino que, mal o bien, se sintieron reivindicados por ese movimiento, se compagina perfectamente con su aversión a los negros, su calificación de la agresión norteamericana a Vietnam como de guerra santa, o su decidido apoyo a la invasión mercenaria de Playa Girón.

El hecho de que Borges acompañe casi siempre tales pronunciamientos con una gota de ingenio o de ironía, por cierto no disminuye ni modifica esa coherencia; a lo sumo sirve para demostrar que (así como en los años veinte decía que los escritores de Boedo eran "poetas del mal humor obrero") él podría ser ahora el máximo representante de los "poetas del buen humor oligárquico".

Orgambide se propone una lectura política de la obra borgiana, "tratando de observar sólo una parte de su funcionamiento y sus significados, sin extrapolar, en lo posible, lo literario de lo político, sin subordinar el uno al otro, sino simplemente intentando ver en esta vasta producción, tan variada en temas y preocupaciones, algunos aspectos que nos permitan comprender mejor, desde la literatura, al hombre político". Y de inmediato advierte: "Sé muy bien que para algunos este procedimiento puede parecer abusivo, una forma de regresar a burdas interpretaciones sociologistas, a la observación de lo literario con fines extraliterarios. En algo tendrán razón: esta lectura desde lo literario se limita a la observación de un pensamiento político: el de Borges. ¿Acaso no es uno el hombre que piensa la política y se expresa en la literatura y se vale de ella para penetrar en la filosofía? ¿Cómo juzgar a Borges sólo por sus declaraciones a favor de la Junta Militar y las dictaduras? ¿No es lícito preguntarnos sobre el porqué de esa actitud y ese pensamiento? ¿Por qué dejar de lado las posibles respuestas que pueden estar presentes en los mismos textos escritos por Borges a lo largo de cincuenta años?" Luego analiza, dentro de esa obra, la presencia de los "mayores" como formadores de opinión política, y va extrayendo del pasado los diversos militares —esos que combatieron implacablemente a indios, gauchos y montoneros— admirativamente enfocados en los poemas, relatos y recuerdos borgianos. De alguna manera ellos prefiguran la actual adhesión del autor de *Historia universal de la infamia* a entorchados como Pinochet (de quien acepta gustoso una condecoración) o Videla (a quien defiende en el extranjero de los ataques periodísticos). La vieja admiración por el coraje orillero se matiza así con el blando deslumbramiento frente al poder que detentan los generales y que éstos usan (secuestrando, fusilando, torturando, etc.) contra la "chusma bravía".

Borges se identifica con tales represores, los llama "caballeros", y a esta altura, con los varios miles de jóvenes

96

que han caído en las luchas políticas de Argentina, semejante preferencia es algo más que un mero pecado de elitismo. Lo curioso es que Borges rara vez pone el acento en los aspectos económicos de una posición política conservadora; no hay en sus declaraciones una defensa del capitalismo como tal, ni tampoco de aspectos aislados de su economía. En definitiva lo que él viene implícitamente a defender, es la represión brutal, el avasallamiento del pueblo. No le preocupa la posibilidad de amasar dinero —por otra parte, nunca ha sido un hombre de fortuna— sino evitar que las masas desposeídas, los pobres de la tierra, se levanten contra el orden establecido, y en consecuencia traten de establecer su elemental concepto de la justicia, su "mal gusto", su derecho a la vida.

Hace veinte años todavía era posible disculpar a Borges sus arremetidas contra el "mal gusto" del pueblo, pero hoy, cuando sus admirados "caballeros" ejercitan el secuestro y la tortura, y él les da su apoyo incondicional, el refinamiento estético de Borges naufraga en la brutal realidad fascista. Su buen gusto se convierte en mala índole, ya que no parece probable que alguien encuentre belleza en la picana eléctrica, en el "submarino", o en las sistemáticas violaciones de muchachas a cargo de perros adiestrados. Y así como el Borges de ciertos cuentos puede despertar una merecida admiración, y el de ciertos poemas puede provocar también un poco de piedad (después de todo, allí es donde aparece menos soberbio, más indefenso), este otro Borges, el que odia militantemente a su pueblo, más bien provoca cierto horror. Como es sabido, al autor de *El Aleph* le gusta conjeturar que acaso él sea alguien soñado por otro. Tal conjetura es algo así como una recurrencia, a esta altura bastante monótona, con la que, sin embargo, suelen quedar impresionados los periodistas que lo asedian a preguntas. Si el Borges actual es verdaderamente alguien soñado por otro, habría que reconocer que ese "otro", más que soñar, padece pesadillas.

Orgambide analiza también la idea política de Patria a través de los textos borgianos, y allí hace una de sus más agudas observaciones: "La omisión de lo histórico y su sustitución por lo fragmentario, lo episódico, es un procedimiento frecuente en Borges (...) Esta omisión, como recurso literario, es eficaz; se reemplaza por la bibliografía". El dato histórico no es por tanto en la obra de Borges una referencia al contexto sino un recurso de la imaginación. Casi podría decirse que, en este aspecto formal, un procedimiento clave de Borges es la ambigüedad. Como los datos, nombres y fechas, que se manejan en sus relatos, son por lo general rebuscadísimos, herméticos, esotéricos, es muy difícil establecer la frontera que separa lo real de lo ficticio. En consecuencia, aunque muchas de sus referencias puedan ser históricas, la ambigüedad general del texto, el borde fantástico que suele rodearlas, las convierte poco menos que en inverosímiles. "También aquí", dice Orgambide, "como en su pensamiento político, la acumulación de datos funciona como escamoteo u omisión de lo real. Como una historia sin Historia". Es obvio que Borges siente un profundo disgusto por la historia real, tal vez porque ésta, sin tener en cuenta las afinidades electivas del autor de *Ficciones*, avanza en beneficio de los pueblos y hacia su liberación. A Borges no le agrada ese rumbo de la historia, y en consecuencia encarga a su imaginación y a su indudable talento, que le fabriquen otra, a la medida de su gusto elitista; una historia con bibliotecas descomunales, con senderos que se bifurcan, pero también una historia sin masas, sin hombres y mujeres en comunidad. Las pocas veces que aparece el pueblo, se trata de un monstruo múltiple.

El libro de Orgambide cumple pues con poner en claro que las opiniones reaccionarias de Borges no son meros exabruptos, despegados de su obra literaria, sino que están prefigurados o confirmados en sus textos. Lo que sucede es que, en sus entrevistas, Borges usa un lenguaje brutal, prepotente, denigratorio, deliberadamente duro y hasta soez, en tanto que en sus libros emplea uno de los estilos más depurados de la literatura que se escribe en español. Es esa doble actitud la que confunde. La verdad es que en uno y otro campo, Borges fue, es y será el mismo: un ideólogo de la reacción, un despiadado enemigo de su pueblo. Orgambide sintetiza así su juicio: "Está lúcido. Ninguna enfermedad, salvo la del fascismo, envenena su sangre. Sonríe, hace bromas. ¿Pero quién puede sonreír con sus paradojas cuando él se ha transformado en la más brutal: la de la inteligencia al servicio del embrutecimiento?" Creo que pocas veces ha sido mejor definida la responsabilidad, ya no literaria ni política, sino simplemente humana, del hombre Borges. Según éste, "el pueblo puede no ser innoble". Y ese ser que escribe y opina, ese individuo de vastísima cultura que se ha convertido en portavoz de ese mismo fascismo que niega la cultura, será juzgado no sólo por sus notables ficciones sino también por su militancia inhumana.

Sí, según Borges, "el pueblo puede no ser innoble"; digamos, por nuestra parte que el pueblo, aunque en un estilo distinto al de Funes, suele ser memorioso. Por lo pronto, entre los papeles que dejó Roque Dalton, éste sí poeta de su pueblo, había un breve poema que puede ser un buen complemento al libro de Orgambide. Se titula: "De un revolucionario a J.L. Borges", y dice así: "Es que para nuestro Código de Honor, / Ud. también, señor, / fue de los tantos lúcidos que agotaron la infamia. // Y en nuestro Código de Honor / el decir: " ¡qué escritor!" / es bien pobre atenuante; / es, quizás, / otra infamia. . ."

VII. *El pan dormido:* la hazaña de un provinciano

Cuando José Soler Puig cumplió no hace mucho sus primeros sesenta años, su ciudad natal, Santiago de Cuba, le brindó un homenaje impresionante que excedió largamente los medios culturales para transformarse en un sincero tributo de admiración popular. ¿Quién es este novelista, que de tal manera convoca el entusiasmo de los santiagueros y sin embargo es sólo medianamente conocido en el resto de su país, y virtualmente ignorado en América Latina? ¿Será que sus temas y desarrollos, tan estrictamente santiagueros, le quitan vigencia para lectores de otras procedencias? ¿O acaso que su obstinada permanencia en Santiago lo confina a un destino de escritor provinciano? Ninguna de estas explicaciones me satisface, y sinceramente pienso que muy pronto Soler será valorado como uno de los grandes nombres de la novela latinoamericana.

Cuando en 1960 obtuvo el Premio Casa de las Américas con su primera novela *Bertillón 166*, Soler Puig tenía 43 años, una edad que a primera vista no parece la más adecuada para inaugurar una carrera artística. Antes había sido "obrero en fábricas de Oriente, vendedor ambulante, pintor de brocha gorda, tumbador de caña, lector voraz, autodidacta, periodista, escritor radial" (así al menos lo caracteriza Imeldo Álvarez García en su introducción a la más reciente edición de aquella novela primeriza). En 1963 publicó *En el año de enero* (sobre las primeras etapas de la Revolución cubana); en 1964, *El derrumbe* (sobre la decadencia y caída de la burguesía santiaguera). Más recientemente, su obra capital, *El pan dormido*, 1975, que transcurre en el Santiago del machadato, y hace pocos meses *El caserón*, una nouvelle que aborda un drama familiar en los años cuarenta: Por razones de espacio, en esta nota me referiré exclusivamente a *El pan dormido*, que es sin duda su obra más lograda.

Entre *El derrumbe* y *El pan dormido* no sólo transcurren once años; también media entre uno y otro título un riguroso proceso de maduración. No es por azar que al cabo de ese lapso (y cuántas cosas sucedieron en Cuba entre 1964 y 1975), Soler entregue una obra excepcional, que en la narrativa cubana posterior al triunfo de la Revolución está en el nivel del mejor Carpentier. Lo que ya es decir algo. De todas maneras, Soler pasa a ser, con *El pan dormido*, el mejor novelista surgido en la Cuba revolucionaria, y resulta sencillamente inexplicable que a casi dos años de su aparición, siga siendo olímpicamente ignorada por la crítica continental.

El pan dormido es un mundo, en un tiempo determinado: la Cuba del machadato. Pero ese grande y localizado tema es una presencia casi fantasmal, ya que la novela es, en su más evidente acepción, sencillamente la historia de una panadería de Santiago. Y no se crea que la panadería La Llave es ante todo una gran metáfora, al estilo de *El castillo*, de Kafka, o *El tambor de hojalata*, de Grass. No, este microcosmos de Soler es, antes que nada, una panadería. Y pocas veces la manufactura del pan habrá encontrado un cronista tan riguroso, tan enterado y tan creador, como este santiaguero estricto y delirante.

Es claro que la panadería no es sólo eso: es también el ámbito y la razón de ser de una familia pequeñoburguesa, narrados (aunque en tercera persona) desde el punto de vista de un niño que se va convirtiendo en adolescente. De ahí que, aunque la panadería sea un contexto vulgar, el ex-niño (ya que el "narrador" es sin duda un adulto) la cubre de magia. Sus sueños y ensueños, sus pesadillas y delirios, sus visiones y fantasmas, rescatan a la panadería de su anodina existencia y le otorgan una dimensión nueva. Como Dickens, como Svevo, como Salinger, y por supuesto, como Carpentier, Soler nos introduce de tal manera en su mundo, que cuando acabamos —de un tirón— la lectura, nos sentimos un poco vacíos, añorantes, inermes, y acaso constituya un ademán natural que reiniciemos la lectura como un modo verosímil de no abandonar a esos personajes e incluso de encontrar nuevas contraseñas que nos permitan el acceso a capas más profundas de sus conciencias, quizá como un añejo (y no siempre consciente) propósito de acceder a capas más profundas de la nuestra.

Los personajes de *El pan dormido* tienen una apariencia casi naturalista. El relato es tan convincentemente descriptivo de vestimentas, gestos, muebles, rostros, etc., que por un instante uno cree estar frente a un cuadro de Vicente Escobar. Sin embargo, todos los objetos y personas van adquiriendo dobles y triples sentidos, según sea la mirada que los toque, los evite, los oscurezca o los ilumine. "Angelito dice que la mesa se parece a Felipe, y que no es por lo de las patas abiertas de la mesa y la manera de caminar de Felipe". Cuando el Haitiano y Felipe conversan sobre el feto que está en un botellón del museo del colegio a que asisten "los varones", Felipe concluye: "Los fetos son unos socarrones." O sea que el cuadro naturalista de Escobar se transforma rápidamente en el delirio imaginero de Carlos Enríquez.

El pan dormido es uno de los ejemplos más estimulantes de cómo las técnicas de vanguardia son compatibles con una comunicabilidad y una fluidez que permiten al lector introducirse y sentirse en el mundo novelesco, como si éste fuera su propia casa. Los grandes y ya clásicos descubrimientos de la narrativa de este siglo (con el agregado de algunos nuevos que propone Soler) no son aquí, como en cambio lo eran en algunas novelas de Vargas Llosa o Carlos Fuentes, una presencia prioritaria, imposible de soslayar; más bien se integran en una rica naturalidad, donde nada aparece como superpuesto o forzado, sino como maravillosamente inserto en el desarrollo de la peripecia. Porque la novela de Soler tiene (entre otras virtudes) *peripecia:* en las 433 páginas suceden cosas.

El inmovilismo de otras novelas latinoamericanas, que parecen tardías e informes herederas del *nouveau roman*, tiene poco que ver con esta hazaña. Aun en la primera mitad, cuando el narrador va arrimando morosamente rasgos, gestos, alrededores, costumbres, y en apariencia nada pasa, en rigor sí está pasando: sólo que lo que ocurre es la rutina, lo cotidiano estricto, el hábito que se vuelve ritmo de vida, y justamente esa serie de hechos que enhebra la costumbre van a cumplir luego una función de contraste, cuando la rutina estalle y lo inesperado irrumpa trágicamente en el estable (y a la vez frágil) mundo de los Perdomo y los Portuondo.

Soler está constantemente barajando las épocas, los tiempos. Aquí y allá advierte que esta jornada ya no es la que figuraba en el párrafo anterior, sino otra. Aquí y allá vuelve atrás en el relato, o se proyecta inesperadamente hacia adelante, para encontrar la raíz de un hecho o para aventurar un pronóstico. Tales saltos no tienen, sin embargo, efecto chocante, ni disuenan, ni provocan el menor desajuste en el lector, que no tiene por qué rehacer su atención o su ánimo para asumir la nueva parcela temporal.

Quizá el secreto resida en que Soler baraja los tiempos exactamente como lo hace un hablante más o menos imaginativo o memorioso, en cualquier conversación; nadie se sorprende si un interlocutor retrocede (con la memoria, el rencor o la nostalgia) o avanza (con el presentimiento, la vislumbre o el cálculo). Por otra parte, hay pasajes en que un largo *racconto* asume directamente un estilo oral, como por ejemplo en la compacta historia de los Portuondo que Tita le cuenta al doctor Tintoré mientras éste examina a todos los Perdomo, víctimas de una extraña plaga. La ocasión del relato es tan absurda, el cuento de Tita resulta tan inoportuno, que el desajuste genera una nueva tensión y ésta ayuda eficazmente a que la crónica de Tita, la fiel servidora, no se convierta en un plomo.

El matrimonio que integran Arturo Perdomo y Remedios Portuondo tiene tres hijos: Berta y los dos "varones". Berta transita a menudo por las fronteras de la cordura, frecuentemente amenazada por el extravío o la desazón. Los "varones" en cambio tienen los pies en la tierra, aunque a veces esa tierra se pueble de imágenes soñadas. No vuelan, empero; no ascienden al cielo, ni siquiera al limbo. Oyen voces, pero éstas no son de ángeles, sino del muy terreno tío Felipe; ven sombras, y oyen ruidos, pero no son de almas en pena, sino de los curas vecinos que andan en sospechosos menesteres.

Hay astucias en Soler que son algo más que una brillante aplicación de técnicas adquiridas; son sencillamente invenciones, creación pura. Por ejemplo: de los dos "varones", sólo conocemos el nombre de uno de ellos: Angelito. El otro queda en el anonimato. Sin embargo, en el frecuente diálogo que mantienen los "varones", el lector siempre sabe cuál es cuál. En uno de los escasos trabajos publicados sobre esta novela, Ricardo Repilado[1] señala con acierto:

El pan dormido está narrado por uno de sus personajes principales: el mayor de los dos varones de Arturo y Remedios, el hermano de Angelito. Normalmente esto hubiera exigido una narración en primera persona; pero Soler ha escogido un método mucho más original y difícil. Este narrador no tiene nombre y no usa ninguno de los pronombres de la primera persona; nunca dice "yo" ni se refiere a sí mismo por separado, sino de una manera colectiva que lo agrupa con su hermano Angelito en expresiones como "los varones" o "los muchachos". Y sin embargo, está allí presente, no sólo narrando sino *viviendo* la novela, interviniendo en todas sus escenas. El lector percibe inequívocamente que está oyendo el relato de un testigo presencial, o mejor aún, de un *participante*, porque esta peculiar conducta no le impide al narrador tomar parte en las conversaciones, en las que el lector lo detecta sin confundirlo con Angelito, a pesar de que Soler nunca lo identifica como interlocutor.

Hay otra observación de Repilado que podría ser discutible, siempre que se la generalice, pero que puede ser perfectamente válida al referirse a Soler. El crítico cubano se pregunta por qué el autor de *El pan dormido* no usa, como habría sido previsible, la primera persona para dar el testimonio del innominado hermano de Angelito. Y se responde con esta explicación:

El uso de la primera persona por el narrador, el que éste hubiera dicho "yo", "mi padre", "mi madre", hubiera conllevado una afectividad incompatible con una visión objetiva de los Perdomo y su círculo. Por otra parte, si a pesar de eso Soler se hubiera arriesgado a ofrecer esta objetividad por medio de una narración en primera persona, los resultados le habrían enajenado sin remisión las simpatías del lector... Puede considerarse, pues, como un acierto indiscutible de Soler haber presentado *El pan dormido* con esta difícil y original técnica, que tiene todas las ventajas de una narración en primera persona sin ninguna de las limitaciones que en este caso específico la hubieran invalidado.

Digo que la interpretación puede ser discutible si alguien tiende a generalizarla: el hecho de que un novelista dictamine que uno de sus personajes ha de usar la primera persona para aludir a aspectos desagradables o vulgares de sus padres, no invalida necesariamente el procedimiento. No otra cosa han hecho, con buenos logros, notables narradores como Faulkner o Kafka. Repilado tiene razón en señalar esa peculiaridad en relación con el novelista santiaguero, ya que en Soler sí el relato en primera persona, a cargo del hermano de Angelito, podría haber significado un fracaso literario. El distanciamiento que implica el relato en tercera persona a cargo de uno de los "varones" es funcional y artísticamente necesario para que el mundo de la panadería mantenga su unidad esencial, el equilibrio de sus relaciones internas. En el caso especial de *El pan dormido*, el narrador (o tal vez el autor) necesita planear por encima de todo el conjunto, incluso por encima de sus propios recuerdos. Sólo así el relato puede mantener una objetividad que le es absolutamente indispensable, no sólo para sus rutinas y sus hábitos, sino hasta para sus delirios y pesadillas.

Esa objetividad fundamental se nota, por ejemplo, en lo que toca a las influencias que ejerce Felipe. Éste hermano de Arturo es probablemente la presencia más fuerte de toda la novela, y su irradiación abarca hasta los rincones más lóbregos de la panadería. Y eso ocurre aun después de que Arturo lo eche del negocio y lo sustituya por el poco recomendable Macías. Es cierto que Felipe no es un hombre íntegro, de una sola pieza; el relato es un inventario de sus carencias. Pero Felipe tiene carácter, sabe comunicarse con la gente. Felipe tiene un aura de prestigio para sus sobrinos, y de ella forman parte su vasto catálogo de malas palabras y también sus conquistas amorosas. Felipe no es demasiado confiable en materia de dinero (es un jugador empedernido y bien lo sabe Arturo) pero en cambio tiene un lado generoso que excede lo contante y sonante. Es un consejero realista, y a veces comprensivo. Su influencia en la familia es innegable. La "zona" (donde moran la Gallega y otras prostitutas) empieza a tener vigencia para los "varones" a partir de las preguntas más o menos inquisitivas de Felipe. Las malas palabras que catequizan a Berta a través de Angelito, tienen su punto de partida en Felipe, y constituye uno de los mejores hallazgos de Soler el llevar a Berta hasta la Chivera para que allí vocifere sus indecencias y luego no diga más palabrotas, como si allí hubiera agotado el repertorio. La misma Remedios, que no quiere a Felipe, en el fondo rige por él buena parte de su vida grisácea, ya que su preocupación es contradecirlo indirectamente y contrarrestar —vana empresa— su influencia en "los muchachos". Arturo, por su parte, mientras Felipe trabaja en la panadería, depende en cierta manera de ese hermano suelto, atractivo, improvisador; y luego, cuando decide echarlo, sigue dependiendo de la tácita comparación con Felipe, a que todos (empezando por sus hijos) lo someten. Felipe ha signado a tal punto la vida de la panadería que una mesa que ahora usan otros, sigue siendo la "mesa de Felipe", y en cualquier diálogo que se produce en la panadería, quedan siempre flotando en el aire las respuestas que Felipe habría dado.

Soler metaforiza no sólo con palabras sino con personajes. Cuando se incorpora a la panadería el "hombre de los caballitos", como "tiene un aire de cura que se ve a la legua", el autor lo contrapuntea con una confesión, imaginaria o real, o ambas cosas a la vez. A veces la metáfora va de cosa a persona, pero yuxtapuestas: "y el pan de La Llave es el pan más sabroso de Santiago y la mujer rubia es la mujer más mujer de todas las mujeres." O de cosa a cosa. Hasta cuando intenta definir el famoso "pan dormido", apela a un misterioso cotejo: "no cruje como barquilla cuando se aprieta acabado de salir del horno, por muy bueno que esté, sino que suena como las bisagras mohosas de una puerta vieja." Sin duda esta definición no cabría en un diccionario, y es obvio que no nos alcanza para saber qué es el pan dormido. Pero no puede negarse que hay en la comparación una medida poética y sugestiva, que a lo mejor nos acerca, más que cualquier definición técnica o profesional, a la verdadera sustancia del pan dormido.

Una lección adicional se desprende de esta novela: su contexto político adquiere una significación vital, justamente porque es mantenido por el autor en discreto segundo plano. Están presentes la represión ejercida por el machadato y también las luchas sindicales, pero no sustituyen a los conflictos primordiales de los Perdomo y los Portuondo. La política es una noción que a veces se cuela desde la calle y atraviesa los diálogos y los temores de la panadería, pero nunca reemplaza el ámbito, unas veces sórdido y otras trivial, de aquella familia que se prolonga en panaderos, dependientes, clientela, repartidores, cajeras, etc. Precisamente, con tal prioridad en la aherrojada vida de aquel microcosmos, Soler está dando su severo diagnóstico sobre una clase social que no supo entender los tiempos que venían, y se confinó en su egoísmo y sus pequeñas ambiciones. Aun cuando la panadería es invadida por las turbas que se vengan en Macías hasta matarlo y amenazan al propio Arturo, aquella dramática irrupción es registrada por los personajes, no como el confuso acontecer político que efectivamente es, sino como una catástrofe familiar. Y cuando Pedro Chiquito, el insólito y derrengado Perdomo, se enfrenta a sus familiares en la panadería saqueada, recoge sus "matules", y les dice: "Los tres váyanse a la mierda" (sólo por esa frase nos enteramos de que el innombrado hermano de Angelito está presente, como si le hubiera dado vergüenza rememorar que asistió a la ignominia), él en cambio se va a la calle. En las últimas líneas del apasionante libro "sale de la panadería por la puerta de la cuartería", y es tal vez el único que, mal que bien, se rescata a sí mismo de aquella hecatombe, y también de aquel egoísmo, más chiquito que su propio apodo. Salir de la panadería y entrar al mundo. O quizá, salir del egoísmo personal y entrar en la vida comunitaria. ¿No será ésta la propuesta que, en última instancia, nos hace *El pan dormido*?

NOTA

[1] "Algunos caminos para llegar a *El pan dormido*", en *Santiago*, Santiago de Cuba, núm. 20, diciembre de 1975, págs. 275-298.

VIII. Lezama Lima, más allá de los malentendidos

Si alguna vez pudo tener vigencia latinoamericana el hallazgo de Rilke que definía la fama como "una suma de malentendidos", debe haber sido en relación con José Lezama Lima, el poeta, ensayista y narrador cubano que el 9 de agosto de 1976 murió en La Habana, su ciudad natal. Figura descollante del grupo *Orígenes* (en el que también participaron Cintio Vitier, Fina García Marruz, Eliseo Diego, Octavio Smith, Ángel Gaztelu, José Rodríguez Feo y Virgilio Piñera), no sólo su gravitante poesía sino también su papel de animador cultural adquieren relevancia a partir de 1937, año en que aparece *Muerte de Narciso*, su primer título. Max Henríquez Ureña sostendría años más tarde que si ese libro inicial "fue una revelación", el segundo, *Enemigo rumor* (1941) "fue una revolución". La obra de Lezama se va completando posteriormente con *Aventuras sigilosas* (1945), *La fijeza* (1949), *Dador* (1960), en poesía; *Analecta del reloj* (1953), *La expresión americana* (1957), *Tratados de la Habana* (1958), *La cantidad hechizada* (1970), ensayos; y *Paradiso* (1966), novela. El conjunto siempre ha sido altamente estimado, a nivel latinoamericano, por una élite intelectual que a menudo se envanece de su propia admiración, como si el mero hecho de entender a Lezama les otorgara una patente de talento y erudición. Primer malentendido. Si bien Lezama es —de ello no cabe duda— un poeta difícil, sólo en raras ocasiones resulta absolutamente impenetrable, hermético.

Quizá deba empezar por admitir que, cuando en algún reportaje me preguntan por *mis poetas*, nunca incluyo a Lezama Lima. Siempre he hallado que se levanta un muro entre su poesía y mi atención de lector, pero ese muro no es precisamente el hermetismo, sino cierta extraña sensación de que la poesía es en él una empresa estrictamente privada, un enfrentamiento entre esa *mirada fija* o *retador desconocido*, que, según Lezama, es la poesía, y el poeta que acepta su reto y la resiste. Quizá el voluntario aislamiento no se limite a la poesía, y tenga su clave en el propio carácter de Lezama. Algo de eso mencionó en alguna de las jugosas entrevistas que a veces concedía:

> Creo en la intercomunicación de la sustancia, pero soy un solitario. Creo en la verdad y el canto coral, pero seguiré siendo un solitario... Creo que la compañía robustece la soledad, pero creo también que lo esencial del hombre es su soledad y la sombra que va proyectando en el muro.

Quizá por eso en su poesía no hay puentes hacia el lector, o cuando los hay son tan frágiles que aquél teme emprender su travesía. Sin embargo, el hecho de que rara vez me haya atrevido a cruzar esos puentes precarios, no ha impedido que, desde mi orilla, distinga lo esencial de sus aventuras sigilosas y admire a plenitud la extraña coherencia y la delirante libertad con que este poeta insólito se maneja en su mundo. Quizá haya en la poesía latinoamericana de este siglo sólo otros dos escritores pertenecientes a la misma familia de solitarios libérrimos: los argentinos Macedonio Fernández y Juan L. Ortiz.

Cuando Lezama dice a su entrevistador Ciro Bianchi: "Yo siempre esperaba algo, pero si no sucedía nada entonces percibía que mi espera era perfecta", o a Tomás Eloy Martínez: "La grandeza del hombre es el flechazo, no el blanco", nos parece haber abierto una página cualquiera de *Papeles de reciénvenido* (por cierto, la revista *Orígenes* publicó textos de Macedonio Fernández), pero cuando pronuncia este convincente disparate: "La poesía es un caracol oscuro en un rectángulo de agua", ¿cómo no sentir que estamos en la misma alucinada atmósfera de Juan L. Ortiz? Con Macedonio tiene, además, otra afinidad que en un argentino es casi un elemento constitutivo, pero que en un cubano es virtualmente un rasgo fuera de serie: el culto de la ironía. (Quizá la otra y reciente excepción literaria sea Alejo Carpentier, que en *El recurso del método* adopta por primera vez una ironía constante y muy eficaz, pero que es más alegre y menos corrosiva que la de Lezama.) Claro que en Macedonio la ironía está a flor de palabra y rodeada de una expresa voluntad de juego, en tanto que en Lezama está en la

110

raíz verbal y rodeada de un contorno hechizado, cuando no trágico.

Por supuesto que en la obra de Lezama se podrían rastrear diversas influencias europeas (Proust y T.S. Eliot entre las más notorias). No obstante ello, si se expresa que Lezama es esencialmente cubano, se dice la verdad (el propio Lezama lo dice de sí mismo), pero también en esa verdad hay un malentendido, ya que la cubanidad de Lezama no le viene de la realidad tal cual es, sino de lo que Vitier llama "su experiencia vital de la cultura". No importa que en varios capítulos de *Paradiso* y en muchos poemas (verbigracia: "Venturas criollas", "Oda a Julián del Casal") surja una terminología palmariamente cubana; Lezama nunca toma la fauna, el paisaje, o los simples objetos, en su estado natural, sino que "cada color tiene su boca de agua" y "el agua enjuta se trueca en la lombriz", o sea que el mundo se le da en imágenes, que es un modo de decir que se le da en cultura. Lo cubano en Lezama pasa por la cultura; alguna vez, incluso, dijo que "las culturas entre el *Paradiso* y (su continuación inconclusa) el Inferno se hacen más cercanas, pues en realidad el júbilo del placer y el rechazo del dolor forman parte de un mismo éxtasis". Nótese que dice: "las culturas", o sea que cada novela tiene *su* cultura; yo agregaría que también la tiene cada poema. Como ha señalado agudamente Vitier, en la obra de Lezama "la vida aparece imaginada (a través de la hipérbole y las asociaciones incesantes) mientras la cultura aparece vivida", y agrega este enfoque revelador: "Por eso aquí un estilo asimilado vale tanto como un recuerdo, una alusión no es menos entrañable que una experiencia." Es claro que en esa *cultura vivida* los ingredientes son universales, y Lezama cita con la misma familiaridad las teogonías de Valmiki que la batalla de Rocroix, el *Diario* de Martí que el *Tao Te Kin*; y sin embargo su manera de encarar y asumir ese ecuménico referenciario, nunca deja de ser cubana. Cortázar ha anotado: (Lezama) "no se siente culpable de ninguna tradición directa. Las asume todas...; él es un cubano con un mero puñado de cultura propia a la espalda, y el resto es conocimiento puro y libre, no responsabilidad de carrera." El mismo Vitier ha dicho de Lezama: "Es el único entre nosotros que puede organizar el discurso como una cacería medieval." Aunque pienso que Vitier se refiere al discurso en cuanto oración, sólo quien haya escuchado alguna vez una conferencia de Lezama puede testimoniar, también en esta acepción, la

111

exactitud de lo afirmado. En una cacería medieval, ¿a quién le importaba el animal cazado? Lo espléndido era el espectáculo, el alarde de la cacería. En una conferencia de Lezama ¿a quién le importa el tema? Lo espléndido es asistir a la organización de sus metáforas, de sus series verbales, de sus palabras-imágenes. La primera vez que lo escuché, allá por 1968, estuve hipnotizado durante una hora: iba de estupor en estupor frente al chisporroteo imaginero de aquel voluminoso y disneico orador. Pero al finalizar la conferencia no habría podido decir honradamente cuál había sido el tema. Recordaba fulgores, estallidos, efectos, inéditos acoplamientos de palabras, pero imposible recordar en qué campo temático se inscribían. Quizá por eso nunca pude leer *Paradiso* con delectación, al menos no como novela, y en cambio puedo disfrutar de la mayoría de sus poemas, aunque sea a prudencial distancia. Para sólo citar algunos: "Noche insular: jardines invisibles", "Pensamientos en la Habana", "El arco invisible de Viñales", "Rapsodia para el mulo" y la ya citada "Oda a Julián del Casal". Tengo la impresión de que su estilo brillante y barroco, si bien puede generar cierta fatiga en una novela, tensa magistralmente el arco para la flecha poética.

Cuanto más libre logra ser Lezama en su poesía, mejor tensión adquieren sus imágenes. La imagen es siempre su clave decisiva, pero también su fuerza suasoria. Por lo pronto, Lezama se dicta a sí mismo su retórica, y no se esclaviza a ninguna ajena. Lo cierto es que en sus poemas, las palabras adquieren una nueva vigencia, que no es exactamente la tradicional pero tampoco es totalmente otra. A veces su originalidad está en las vecindades que inaugura, aun en sus títulos: "Doble desliz, sediento", "Pífanos, epifanía, cabritos", "Peso del sabor"; otras veces está en las inéditas profundidades a que somete una palabra más o menos gastada, como ocurre en el "Llamado del deseoso".

Tampoco se esclaviza a un dogma. Y aquí viene otro malentendido. Lezama es confesadamente católico. Pero ¿dónde reside su religiosidad? Difícil hallarla a simple vista en un pagano tan militante y vocacional. Hay que rastrear minuciosamente los textos para encontrar un atisbo de dogma. Y sin embargo está la religión; con su costado pagano, claro. Está en las estructuras poéticas, que a veces son catedralicias, y otras sólo parroquiales; está (lo dice él mismo) en la "religiosidad de un cuerpo que se restituye y se abandona a su misterio"; en cierta liturgia de los oficios terrestres, tantas veces presentes en *Paradiso*; en la eternidad como concepto del no-tiempo, y en esa mística relación de la poesía con la circunstancia que Lezama hereda de Nicolás de Cusa. Por eso su obra jamás podrá ser confundida con la poesía pura, y tiene razón Fernández Retamar cuando afirma que en Lezama "el reconocimiento de la poesía como aventura verbal lleva al poeta trascendentalista frente al verbo y su misterio, no sonoro... sino místico".

La religiosidad está, paradójicamente, en su enfoque de lo erótico. Cuarto malentendido: el célebre capítulo VIII de *Paradiso* le ha dado fama poco menos que pornográfica. Y aunque si se toman las meras líneas descriptivas de ese capítulo, pueden sacarse todos los cálculos y conjeturas imaginables e inimaginables, lo cierto es que su transcurso está invadido por palabras como verbo, encarnación, fervor, espíritu, etc., de clara impronta litúrgica. De todas maneras, el escándalo y la polémica provocados por ese capítulo, incluyen una exageración, con implicancias extraliterarias que, en algún aspecto, entroncan con el quinto y —por ahora— último malentendido: el específicamente político. Sin perjuicio de reconocer que el capítulo VIII no aporta ningún mérito excepcional a una obra y una trayectoria que no necesitan motivaciones anexas para fundar su prestigio, conviene no obstante señalar que el fragmento aludido no es en absoluto *pornográfico* sino más bien *erográfico*, pero también que esa descripción de lo erótico está salpimentada, y en consecuencia reivindicada, por un humor de redonda eficacia.

Dije antes que el malentendido pornográfico se entroncaba con el político: la verdad es que ambos forman parte de una campaña (a la que el poeta estuvo por supuesto ajeno) destinada a imponer la imagen de un Lezama perseguido por la Revolución. Tanto su confeso catolicismo como su proclamada libertad para encarar lo erótico en todas sus variantes y combinaciones, fueron datos ávidamente recogidos por los órganos de penetración cultural norteamericana y por ciertos intelectuales contrarrevolucionarios —cubanos y no cubanos— residentes sobre todo en Europa, con el propósito de provocar una ruptura entre el escritor y la Revolución. Sin embargo, para su desencanto, la primera edición de *Paradiso* (con su quemante capítulo VIII sin cortes) fue publicada precisamente en Cuba, y en cambio algunas de sus posibles reediciones han encontrado problemas frente a la censura de otros países; para su desencanto complementario, a partir de 1959 se publicaron en Cuba, además de *Paradiso*, numerosos y fundamentales libros de Lezama: *Dador* (1960), *Antología de la poesía cubana* (1965), *Orbita de Lezama Lima* (1966), *La cantidad hechizada* (1970) y *Poesías completas* (1970). Además, la Casa de las Américas publicó en 1970, en su serie Valoración Múltiple, una *Recopilación de textos sobre José Lezama Lima*, que estuvo a cargo de Pedro Simón. Por fin, para mayor frustración de aquellos agoreros, más lezamistas que Lezama, el autor de *Paradiso* siempre permaneció voluntariamente en Cuba, fiel a sus creencias y a su poesía. En una entrevista que concedió a un periodista argentino que lo interrogaba sobre viajes posibles, Lezama explicó así las razones de su evidente propensión sedentaria:

> Es que hay viajes más espléndidos: los que un hombre puede intentar por los corredores de su casa, yéndose del dormitorio al baño, desfilando entre parques y librerías. ¿Para qué tomar en cuenta los medios de transporte? Pienso en los aviones, donde los viajeros caminan sólo de proa a popa; eso no es viajar. El viaje es apenas un movimiento de la imaginación ... Casi nunca he salido de La Habana. Admito dos razones: a cada salida, empeoraban mis bronquios y además, en el centro de todo viaje ha flotado siempre el recuerdo de la muerte de mi padre. Gide ha dicho que toda travesía es un pregusto de la muerte, una anticipación del fin. Yo no viajo: por eso resucito.

Había escrito en *Enemigo rumor*: "Una oscura pradera me convida". Por supuesto, hay muchas praderas oscuras y posibles, pero ahora el poeta ha aceptado el convite de la más oscura. No olvidemos, sin embargo, que en 1968 había expresado: "Heidegger sostiene que el hombre es un ser para la muerte; todo poeta, sin embargo, crea la resurrección, entona ante la muerte un hurra victorioso". A esta altura, tras haber entonado (¿quién lo duda?) su hurra victorioso, este Gran Solitario, este poeta insólito, este artífice de su resurrección, estará por fin instalado en su oscura pradera, más allá de todo malentendido.

IX. Contemporáneos y complementarios de Marinello

"En cierta medida, soy un contemporáneo que no ha perdido el paso". Así se juzgaba Juan Marinello en 1973, al ser entrevistado por *La Gaceta de Cuba*, con motivo de cumplir 75 años. No es obligatorio que compartamos ese autojuicio: aun hoy, tres años después de aquel aniversario, Marinello no es un superviviente (la palabreja suena inevitablemente a prolongación desvalida) sino un viviente con todas las letras y, para decirlo en cubano, con todos los hierros. Es claro que, en buena parte, debe esa calidad de viviente a no haber "perdido el paso" y en consecuencia seguir siendo un implicado testigo y un activo participante de las transformaciones de la realidad.

Por eso es tan adecuado el título *Contemporáneos* que reúne en dos volúmenes sus aproximaciones, testimonios, artículos, discursos y ensayos, relacionados con "personalidades singulares en los campos del hacer y del crear". La contemporaneidad de Marinello con cada escritor o cada artista que él buscó —o halló— como tema, no es simplemente la de dos figuras que, pese a eventuales diferencias de edades, comparten el mismo siglo. La contemporaneidad es aquí más estricta y más profunda: no una coincidencia de almanaque, sino una cabal integración al tiempo del "otro". Cada ser humano tiene *su* tiempo, es decir, el tiempo coloreado, modificado, rectificado o enriquecido por su experiencia, sus preocupaciones y sus búsquedas; para juzgar o rescatar una obra o una actitud, Marinello se introduce en ese tiempo particular de cada uno de sus personajes elegidos. "Imaginar es un deber frente a un imaginador insuperable", dice en uno de sus ensayos, y acaso lo primero que imagina es el tiempo del imaginador elegido. Por eso el título es de doble filo, y tal vez no signifique, después de todo, que los escritores y artistas seleccionados sean estrictamente contemporáneos de Marinello, sino más bien que Marinello se vuelve, en el sentido más creador y riguroso, contemporáneo de cada uno de ellos, copartícipe de su tiempo y de su contorno, colega de realidades. Sólo así es posible llegar a esos pantallazos reveladores, a esas cálidas constancias, que por supuesto son las de un enterado biógrafo y un agudo crítico, pero también las de un compañero, un amigo cercano y, en algún caso (como el de Pablo de la Torriente Brau) las de un hermano.

Cada personaje real-imaginado viene al lector, claro está, engastado en un enfoque intelectual, ideológico, pero asimismo en su dimensión humana, aunque en última instancia ésta también incluya una valoración intelectual y una contraseña ideológica. Marinello llega a sus personajes por la ruta de las afinidades y no de las repulsas. ¡Cuántos "contemporáneos", situados en los antípodas de sus convicciones y sus principios, no habrán marginado el siempre comprometido curriculum de Marinello! Sin embargo, él los excluye de su teleobjetivo o de su lupa, como dando a entender que su tiempo es otro; que él sólo se siente contemporáneo de quienes miran hacia el futuro y no de los retardatarios. Por algo cita repetidamente el emblema anti-Manrique de Julio Antonio Mella: "Todo tiempo futuro tiene que ser mejor". Es así que la contemporaneidad de Marinello con sus personajes-compañeros adquiere su óptimo nivel en su visión de progreso, que es futuro. Es en ese plano que Miguel Hernández, Rubén Martínez Villena, García Lorca, Alfonso Reyes, Aníbal Ponce, John Bernal, Pablo de la Torriente Brau, Nicolás Guillén, Julio Antonio Mella, Silvestre Revueltas, Navarro Luna, León Felipe, Ludwig Renn, Ilya Eherenburg, Picasso y el propio Marinello, se emparejan en la misma edad política, social, debido a que sus respectivos tiempos futuros son contemporáneos entre sí. Es en el porvenir donde todos ellos, que son hombres de transición, se ubican codo a codo con el hombre nuevo. Quizá sea ése "el deber de porvenir que tiene siempre el escritor entero", tal como señala Marinello hablando de Ludwig Renn. Aun el pasado es situado por él en un trampolín que lo proyecta hacia adelante:

La herencia cultural no es un regalo sino un gran encargo para los pueblos libres. Precisa en su usufructo un delicado acogimiento, en que nada apetecible pierda su virtud, y un tino sutil para enhebrar los hilos magistrales, de larga consistencia, en los tejidos de profunda novedad.

Probablemente, no es casual que el párrafo transcripto empiece con "herencia cultural" y culmine con "profunda novedad".

Sin embargo, hay otro factor que determina la preocupación de Marinello por destacar y valorar la dimensión humana de sus particulares contemporáneos: su apego al prójimo, su predilección por la realidad. "En cada caso, lo real —que manda siempre, de cerca o de lejos— se abre a todas las alusiones y confluencias; porque la realidad verdadera, plena, está henchida de resonancias y vuelos" ("Sobre Federico García Lorca"). Cuando se enfrenta a sus contemporáneos, Marinello hurga en la obra, en las estructuras formales, en el subsuelo ideológico; busca y rebusca, explora y catea, hasta tocar por fin la realidad. Sólo cuando llega a esas honduras, las dotes del imaginador enfocado adquieren repentinamente su sentido, su dimensión artística. Hay en Marinello cierta obsesión en detectar lo real en la raíz de cada imaginería, como si desconfiara del mero alarde verbal, del juego intrascendente. Para decidirse a estudiar a un escritor debe estar seguro de que, por debajo del brillo formal y el chisporroteo de las palabras, no va a encontrar una ríspida oquedad en la capa correspondiente a la vida. Sólo cuando confirma que hay plenitud vital, el biógrafo-crítico-testigo adquiere confianza, pisa sobre seguro, establece conexiones entre la obra y el hombre. "Su arte era un modo de andar", dice de Silvestre Revueltas. "Su buen gusto era como un ademán de su ser", señala en Pablo de la Torriente Brau. "Hombre de pelea contra sí mismo, pero de cara a su contorno agresivo", diagnostica sobre García Lorca. "Un arco tendido entre la maestría y la libertad", es su definición de Picasso, y de Miguel Hernández: "Campesino y profeta"

Realidad como cogollo de realismo. Realismo como postura cardinal de Marinello. Nada nuevo hasta aquí para el lector familiarizado con las investigaciones y planteamientos del autor de *Meditación americana* y *Creación y Revolución.* Hay sin embargo una característica de *Contemporáneos* que también los convierte —acepción machadiana— en *complementarios.* La severa y compacta coherencia con que Marinello, a lo largo de una trayectoria que no es sólo literaria sino también, y acaso fundamentalmente, política, ha abordado los problemas y las relaciones entre socialismo y cultura, adquiere su sentido más removedor precisamente cuando atraviesa, iluminándolas, las vidas y las obras de esos complementarios, cada uno en su tiempo, o sea cada uno en el tiempo a que aspira y por el cual brega.

Para quienes juzguen que el esquema de las obras teóricas de Marinello puede ser a veces demasiado rígido, es particularmente recomendable la lectura de estos dos volúmenes, que por suerte no son un ejercicio de la *semblanza* —blando eufemismo por *biografía*— sino más bien imagen y semejanza.

"La poesía es la mayor medida de todas las cosas", dice en relación con García Lorca, y ese inicio quizá sea sorprendente para un lector superficial de, por ejemplo, "Conversación con nuestros pintores abstractos". Y agrega: "y a ella (la poesía) habrá que acudir, como a un agua regia reveladora de los últimos contornos, de los últimos abismos, cada vez que nos importe descubrir todo el calado de un hombre o de un pueblo." Nada menos rígido o esquemático que esta valoración de la poesía, algo que por supuesto no se evade de una concepción marxista sino que la profundiza, ya que de algún modo va al encuentro de la concepción de Marx sobre la *naturaleza humanizada*, que consta en los *Manuscritos económico-filosóficos de 1844*:

> Es la existencia de su objeto, la naturaleza humanizada, lo que da vida no sólo a los cinco sentidos, sino también a los llamados sentidos espirituales, a los sentidos prácticos (la voluntad, el amor, etc.), en una palabra, al sentido humano, a la humanidad de los sentidos.

Es justamente ese sentido humano, esa humanidad de los sentidos (tan marxista como el concepto de la plusvalía), la que apuntala constantemente el quehacer político-cultural de Marinello. Es posible que algunos lectores, cuando se enfrentan a las disquisiciones teóricas de este removedor de ideas, proyecten en esos textos sus a veces inconscientes prejuicios contra el llamado realismo socialista, y en consecuencia encuentren cercos, vallas, muros, es decir: limitaciones. Sin embargo, en los más penetrantes ensayos de *Contemporáneos*, Marinello saca un formidable y amplísimo partido de las posibilidades de análisis marxista frente al hecho artístico. Cabe confirmar lo que él mismo dice, en relación con Picasso: ". . . en la libertad profunda por que trabaja el socialismo duermen, con

un solo ojo, las más inesperadas formas y sustancias." Si
Marinello se pone un límite, es precisamente en salva-
guarda de la libertad. "No debe haber libertad para ata-
car la libertad." Ahí sí se pone firme, inconmovible, en
defensa de la Revolución, quizá porque esa defensa es
también la del sentido humano, la de la humanidad de
los sentidos, que en 1844 reclamaba Marx. Es así que
Marinello, al referirse al "hombre apasionado y sincero,
elocuente y valeroso, lírico y realista, férreo y sensible,
universal y cubanísimo" que fue Rubén Martínez Villena,
dice que para éste, "como para todo marxista verdadero,
la cultura, la ciencia y el arte fueron valores esenciales
sin los que no se entiende la liberación humana por la
que los marxistas trabajan". Otra vez la libertad, la plenitud del hombre.

La ideología marxista atraviesa los dos volúmenes, no
como una rígida propuesta sino como un hilo conductor.
Los personajes son individualidades, pero también portavoces. "El genio va pasando de individual a colectivo",
dijo Martí, y Marinello aplica conscientemente esa sabi-
duría de su admirado Apóstol, y en cada individualidad
reconoce el acento comunitario, la condición de pueblo.
Quizá el mejor de los 33 trabajos, el más incitante y esclarecedor, sea el consagrado a "Picasso y el tiempo"
—siempre el tiempo, obsesión saludable para quien se
propone *contemporaneizar*—. "Sólo un poder genial como
el de Picasso pudo tomar sobre sí el grave encargo
de pintar un siglo." ¿Qué mejor definición de una faena
artística que pudo haber sido el décimotercero de los trabajos de Hércules? Recuerdo que en 1966 asistí en París
a la imponente exposición retrospectiva de Picasso, realizada en el *Grand Palais* con motivo del 85o. aniversario
del pintor. Allí nadie podía dudar, no sólo de que Picasso había cumplido cabalmente el encargo de pintar un
siglo, sino también de que en su obra estaban las raíces
de *toda* la pintura contemporánea. Marinello es quizá el
espectador ideal que habría querido Picasso, ya que por
un lado lo entronca nada menos que con Amadís de
Gaula ("Héroe sabio, Amadís no da golpes contra el agui-
jón invencible sino contra la fuerza que lo impulsa, no contra la vejez sino contra los días que la traen") y por otro
lo propone como "contrafigura del mito bíblico de la
mujer de Lot, vuelta estatua de sal por mirar hacia
atrás".

Por otra parte, el trabajo sobre Picasso resulta particularmente importante porque en él Marinello da, sin

quererlo, una definición de la obra que ha provocado estas notas: "La capital virtud picassiana de encaminar lo bien sabido hacia lo bien inesperado, se descubre mejor en el museo barcelonés." Conviene recordar que el subtítulo de *Contemporáneos* es ":Noticia y memoria". También podríamos decir que la capital virtud de Marinello es encaminar lo bien sabido (la noticia) hacia lo bien inesperado (la memoria). Una memoria que, sin embargo, no es abismo insondable ni pozo de Jacob. Una memoria que es —oh milagros de la dialéctica— proyección de futuro.

X. Martí y el Uruguay

En este ciclo que trata de las vinculaciones de Martí con distintos países, sobre todo de la América Latina, es obvio que podrían figurar todos ellos, ya que el gran revolucionario y notable escritor cubano, recogiendo y enriqueciendo el legado de Bolívar, pensó y actuó siempre en términos de patria grande.

"Le está naciendo a América, en estos tiempos reales, el hombre real", escribió a comienzos de 1891, y es evidente que ese hombre real, en tiempos reales, ese hombre real llamado Martí, no podía hacerle el juego a una balcanización política y cultural que ya entonces empezaba a esbozarse. Su sentido integrador de nuestros pueblos llegó incluso a enunciados que, a finales del siglo pasado, podían ser considerados poco menos que blasfemos. Por ejemplo: "No hay odio de razas, porque no hay razas." Y esto fue dicho de cara a la infamante discriminación del negro en los Estados Unidos.

No obstante, si bien es cierto que la visión de Martí es integradora y latinoamericana, no es menos cierto que, dentro de la América Latina, se sintió, por distintas razones (que no siempre fueron estrictamente políticas) más ligado a unos países que a otros. Es obvio que México, por ejemplo, fue para él, por muchos motivos, una segunda patria, y que Guatemala también lo atrajo por la razón y el corazón. Pero hubo asimismo otros países que Martí nunca visitó y que sin embargo aparecen vinculados a su trayectoria.

Se dio el caso (no demasiado frecuente) de que Martí se desempeñara como cónsul en Nueva York de tres países latinoamericanos: Argentina, Paraguay y Uruguay. Por otra parte, sus artículos para *La Nación* de Buenos Aires, lo vincularon estrechamente a la Argentina, y con Uruguay tuvo por lo menos tres nexos que se destacan nítidamente en el nutrido panorama de su vinculación con la América Latina.

Por un lado, la amistad con Enrique Estrázulas (primer nexo), cónsul uruguayo en Nueva York, a quien Martí debió el nombramiento en ese cargo (segundo nexo) cuando el titular debió viajar a Europa; por otro, su actuación como delegado de Uruguay a la Conferencia Monetaria Internacional Americana (tercer nexo) que tuvo lugar en Washington en los primeros meses de 1891.

El uruguayo Enrique Estrázulas y el mexicano Manuel A. Mercado fueron los dos grandes amigos de Martí, y de algún modo ello está corroborado por el hecho de que dedicara a ambos nada menos que sus *Versos sencillos*. Sin embargo, cada una de esas dos amistades tuvo un tono distinto: mientras que Mercado era el consejero, el hombre por quien Martí no sólo sentía hondo afecto sino también un gran respeto, y que era algo así como sus interlocutor predilecto para temas de particular trascendencia, Estrázulas, en cambio, es el amigo natural, con quien Martí —aunque, al igual que a Mercado, lo trate de usted— se siente cómodo y despreocupado, siempre bien dispuesto, y capaz de hacer bromas sobre la vida alegre que acaso Estrázulas llevaba en París. Lo cierto es que las cartas al uruguayo probablemente incluyan los trazos más sueltos y bienhumorados del epistolario martiano, por lo general tan erizado de urgencias políticas y angustias personales.

Es claro que no todo es allí desenvoltura. Y aunque por lo común no se detenga en los pormenores de su vida privada —que en cambio abundan en la correspondencia con Mercado—, el 20 de octubre de 1887 Martí le escribe a Estrázulas: "Me siento desnudo y escurrido, como un monte deshelado, o como un árbol sin hojas. Me cansa y avergüenza la literatura oficial. *La Nación* me manda a buscar de Buenos Aires: claro está que no puedo ir, con mi tierra sufriendo a la puerta, que algún día pueda tal vez necesitarme; pero mejor que a zurcir letras violentas y postizas como los colorines de los indios, a donde me iría yo sería a mi retiro campesino, donde la naturaleza me repusiese las fuerzas perdidas en vivir contra ella." O el 20 de abril de 1888: "Tengo 35 años. Necesito tres años más antes de elegir lugar para morir, sin perder, sin embargo, un solo día de esos tres años. Por supuesto, no me quedaré a morir aquí. Elocuentísimo es lo que V. me dice —de V. y de mí— sobre esta horrible vida. Yo soñaba el otro día con un hombre que era todo huesos."

Pero el tono general está dado más bien por otros tópicos y sobre todo por otro tono. Con Estrázulas, Martí tiene por lo pronto un tema en común: *el consulado*, y Martí enumera con gracia a la gente que allí debe atender: "Los fieles se aparecen por aquí de vez en cuando: Serrano, Trujillo y Betancourt, a quien por fin, no sin drama y tirones, se le casó la hermana. Precisamente ha sido hoy notable el día, por lo singular de las visitas. Un caballerete, nacido por supuesto en el riñón de Montevideo, naufragó en San Thomas, y vino a New York a pedirme ayuda. Otro montevideano, que no sabe español, tuvo la desgracia de que le robasen la valija con todos sus haberes en una pícara ciudad del Sur, y mientras recibe el dinero que ha pedido a Turín, también solicita la ayuda consular." Conviene acotar aquí que Martí siempre señala socarronamente, como una falta imperdonable, cuando aparece un latinoamericano que reniega de su idioma, o que lo ignora. En el artículo que escribe para *La Revista Ilustrada*, de Nueva York, en mayo de 1891, sobre la Conferencia Monetaria Internacional Americana, menciona que "habló un delegado hispanoamericano que no habla español, para pedir y obtener la suspensión de la sesión". Y también en carta a Gonzalo de Quesada: "Honduras teme al calor: Honduras habla inglés: Stevens." Este Stevens, delegado hondureño, era hijo de un almirante norteamericano. Pero hay más visitantes: "Y un irlandés, regocijado por el whisky, vino a vender jabón y (no se asuste, que es sólo un medio pliego) a contarme que 'estuvo por' la bandera blanca y azul, que vio matar a Flores. Le compré un jabón."

Como Estrázulas es pintor, Martí comenta los cuadros y el quehacer del artista: "Para todo lo bueno lo hizo Dios, y sobre todo para artista, como que en realidad no tiene V. más penas que las que le vienen, a V. y a los que no tenemos más que bigote, de no poder conformar la vida con el arte." Pero ahí no puede con su propia condición de poeta, y agrega: "Estoy contento porque veo que lo está con sus pinturas, que es uno de los pocos modos de asir la vida por las alas." Como sucede entre amigos que han compartido aventuras y regocijos, en carta de mediados de 1888 bromea con Estrázulas: "Ud. tiene Parises y damas ajenas", y más adelante: "O es que anda de calavera y le da pena decírmelo." También busca, y encuentra, la forma de elogiarlo por un mérito casi inexistente: "Esto es generosidad (dice en carta del 19 de febrero de 1888): calcular el viaje de los *Souvenirs* de Daudet de modo que me lleguen en día de nieve."

No obstante, ese tono cordial y ameno no impide que, ante un pedido muy específico de Estrázulas, le envíe un sesudo y erudito informe sobre ganadería y las posibilidades de adquirir toros finos en los Estados Unidos, y hasta ahí pone su pincelada de humor: "Como belleza y brío, y perfección de puntos, no he visto cosa más linda que un toro Jersey, de poca alzada, pero con todas las condiciones que puede desear el que quiera crear casta."

La amistad con Enrique Estrázulas es el lado personal, casi diría privado, de la relación de Martí con Uruguay. Pero hay otro aspecto que en el plano formal, oficial, diplomático, y también ideológico, estaba destinado a tener mayor resonancia. A comienzos de 1891 se reúne en Washington la Conferencia Monetaria Internacional, según lo resuelto el 17 de abril de 1890 por la primera Conferencia Internacional Panamericana, llevada a cabo también en Washington. El gobierno uruguayo designa a Martí como su delegado ante la Conferencia Monetaria. Fue ésta la máxima investidura diplomática que tuvo Martí, y por cierto hizo honor a la designación.

Eran en Uruguay los tiempos de la presidencia de Julio Herrera y Obes, un gobernante que tuvo particular importancia porque logró —después de las dictaduras de Latorre, Santos, Tajes— que los militares regresaran a sus cuarteles e impulsó el civilismo en el país. Por distintas referencias que hace en su epistolario, es evidente que Martí se sintió satisfecho y honrado con la investidura que se le otorgaba. Por un lado, simpatizaba con el Uruguay de aquel entonces, que pugnaba por inscribirse y avanzar en el campo de la democracia liberal. Por otro, el gobierno uruguayo le otorgaba confianza y flexibilidad. En oficio del 15 de enero de 1891, al remitirle la plenipotencia respectiva, el Ministerio de Relaciones Exteriores uruguayo instruye a Martí en estos términos: "Como las resoluciones que adopte el Congreso se limitarán a simples recomendaciones a los Gobiernos que a él concurran, sobre tal o cual materia, no veo inconveniente en que V.S. armonizando sus ideas con la mayoría de los representantes de los Estados Sudamericanos [nótese que se excluye de esa armonía a los Estados Unidos], especialmente con los de las Repúblicas Argentina, Brasileña y Paraguaya, tome parte en las deliberaciones de las conferencias y suscriba, si fuera necesario, los Acuerdos o Protocolos consiguientes, bien entendido *ad referendum* y con la cláusula expresa de ser sometidos a la aprobación del Gobierno y a la sanción legislativa, sin cuyo requisito no tendrían esos actos validez alguna. Oportunamente dará V.S. cuenta detallada de la misión que se le confiere a su reconocida ilustración y a sus afanosos empeños en servir los intereses públicos." Gracias a esa confianza y a esa flexibilidad, es posible que Martí haya visto la posibilidad de expresar, así fuese indirectamente, su punto de vista, duramente crítico, frente al naciente imperialismo norteamericano. Ventaja adicional: el hecho de que Uruguay estuviera por entonces en la órbita del imperialismo británico, y que por lo tanto defendiera la política monetaria de este último, le permitía a Martí, en el ejercicio de sus funciones de delegado, asumir, sin mayor problema, una posición contraria a la sustentada por el Secretario de Estado norteamericano, James G. Blaine, a quien ya Martí criticara acerbamente en los artículos que había escrito para *La Nación* de Buenos Aires en ocasión de la Primera Conferencia Panamericana, celebrada meses atrás también en Washington y que fuera convocada precisamente por Blaine.

Hay que tener en cuenta que en esos años se estaba en los albores del panamericanismo. Desvirtuando el pensamiento de Bolívar, y hasta poniéndose aparentemente bajo esa sombra tutelar, los Estados Unidos amalgamaban hipócritamente la llamada doctrina Monroe con el falseado pensamiento del Libertador, que justamente había propugnado una unidad latinoamericana, pero *sin los yanquis*; ese Bolívar que, en 1829, en carta a Patricio Campbell, había dicho que los Estados Unidos parecían "destinados por la providencia para plagar la América de miserias a nombre de la libertad".

Martí veía con absoluta nitidez este proceso, y al margen de las ventajas o desventajas que acarreara el establecimiento de una política monetaria bimetalista —punto clave de la agenda de la Conferencia— objetaba fundamentalmente los procedimientos, tan autoritarios como arbitrarios, de los Estados Unidos. Martí sabía perfectamente que Blaine era de alguna manera el padre del panamericanismo. Que Martí, por su parte, no era un nombre grato a Blaine, parece algo indudable. Sirva para confirmarlo la demora del Secretario de Estado norteamericano en darse por enterado de la carta en que Martí le comunica que el gobierno uruguayo le ha nombrado su delegado ante la Conferencia Monetaria. A tanto llega esa demora que Martí no puede asistir a la primera sesión, debido a que aún no tenía respuesta del Departamento de Estado. Hoy no es inverosímil conjeturar que no sólo Blaine trató de obstaculizar la actuación de Martí en la Conferencia Monetaria, sino también algunos cubanos anexionistas que defendían la tesis platista de Blaine.

En la Conferencia había lo que se llamó una tendencia *orista* (es decir, los defensores del patrón oro) y una tendencia *platista*, o sea los defensores del patrón plata. Pero, curiosamente, ambas tendencias se veían reflejadas en el seno de la propia delegación norteamericana, donde había un delegado *orista* (Lamber Tree) y otro *platista* (N.P. Hill). Sin ser delegado, Blaine era sin embargo el hombre decisivo, pero él ya hacía mucho que había tomado partido: sus intereses eran los del grupo *platista*, no sólo dentro del gobierno sino también del Partido republicano.

Martí, decidido partidario de una moneda universal ("Por el universo todo, debiera ser una la moneda. Será una."), veía también con claridad que su adopción en la Conferencia Monetaria habría sido prematura. En un interesante trabajo sobre la actuación de Martí en la Conferencia, Ramón M. Solá Hernández sostiene que tras el bimetalismo de Martí podía verse escondida "cierta astucia política: la de colocarse en el fiel de la balanza —idea que llegaría a ser recurrente en Martí— entre los dos polos de poder económico: Estados Unidos platista y la Gran Bretaña orista". No obstante, como también ha sido señalado, no hay que olvidar un tema que subyacía en esas intervenciones de Martí: el anexionismo. En ese tópico que tanto afectaba a Cuba, y que en consecuencia agraviaba particularmente a Martí, James Blaine era la figura que, dentro del partido republicano, impulsaba con mayor vigor la anexión de Cuba al territorio de los Estados Unidos. Blaine había sido Secretario de Estado bajo la presidencia de Garfield, pero una vez que el presidente fue asesinado, Blaine fue sustituido por Frey Linghuysen en su importante cargo; sin embargo, años más tarde, Blaine vuelve a ser nombrado Secretario de Estado, y precisamente ocupa tan alta responsabilidad cuando tiene lugar la Conferencia Monetaria. Sin embargo, la carrera política de Blaine no tenía por qué terminar en ese cargo; más aún, se le mencionaba como uno de los "presidenciables" con mayores posibilidades dentro del partido republicano. Si Blaine sufría cualquier tipo de derrota en la Conferencia Monetaria, sus acciones como candidato a la presidencia seguramente bajarían. Y éste era tal vez un objetivo nada despreciable de la actuación de Martí: desbaratar las pespectivas presidenciales de Blaine, ese fervoroso partidario del anexionismo.

O sea que Martí actúa en la Conferencia como un político avezado, buscando los caminos indirectos para alcanzar su meta. Por otra parte, entre alistarse (como delegado de Uruguay) en las filas de los adeptos de un imperialismo en retirada, o integrarse a las huestes de otro imperialismo que de pronto aparecía pujante en la escena política de la América Latina, Martí, procediendo con realismo y sin hacer concesiones, vio la ocasión de combatir a su enemigo natural, y no la desperdició.

No quiere esto decir que a Martí no le interesara la cuestión monetaria, o que haya sacrificado en la empresa los intereses gubernamentales de Uruguay, cuya representatividad ostentaba. Al informar al ministro uruguayo de Relaciones Exteriores, acerca de su actuación en la Conferencia, Martí expresa que ha actuado "en acuerdo estricto con las instrucciones del superior gobierno y con lo que imponen a un observador vigilante los intereses patentes de nuestros países americanos". Es por eso que en cierta manera tiene razón Paul Estrade cuando dice, refiriéndose al papel desempeñado por Martí en la Conferencia Monetaria: "Sin traicionar sus convicciones ni sus obligaciones, pudo ser a la vez, en la suave oposición a las maniobras imperialistas norteamericanas, el patriota cubano antiyanqui y el diplomático uruguayo probritánico."

Martí (que intervino en once oportunidades en el curso de las sesiones) se enfrenta a la delegación norteamericana en temas que a veces parecen nimios, marginales. Pero Estrade vuelve a tener razón cuando acota: "¡No nos equivoquemos! Al tratar de que prevalezca un punto de vista diferente al de los Estados Unidos sobre un problema de reglamento interno o sobre la fecha de una próxima sesión, Martí no procede así por vanidad o mezquindad, sino que prepara moral y sicológicamente a sus auditores para el verdadero combate ulterior que en ese momento sólo él presiente, pero que todos deberán librar: el combate político contra el imperialismo."

Aunque parece cierto que Martí tuvo frecuentes contactos con Vicente G. Quesada, ministro de la Argentina en Washington, quien probablemente le asesoró en tópicos de doctrina monetaria que le dieron argumentos para oponerse al proyecto norteamericano, lo real es que Martí desempeñó un papel decisivo en las opiniones que fue conformando el grupo latinoamericano, y un síntoma inequívoco de esa influencia es que él fuera designado redactor del Informe de la Comisión (de cinco miembros) nombrada para estudiar las proposiciones de los delegados norteamericanos. En el informe, aunque redactado en el estilo aséptico de este tipo de documentos, aparecen aquí y allá ciertas preocupaciones sociales y políticas de su autor. Dice, por ejemplo: "Todo acto equitativo en provecho de la masa laboriosa contribuye a afirmar la seguridad política." Y también: "Ningún país puede aceptar una moneda que no sea recibida, o se reciba con depreciación y desagrado, por los países que le abren crédito y le compran sus frutos." Y por último: "Ningún vendedor (léase los Estados Unidos) puede ofender gratuitamente a sus compradores (léase los países latinoamericanos)." Sin embargo, es en un largo artículo sobre la Conferencia Monetaria, escrito para *La Revista Ilustrada* de Nueva York, en mayo de 1891, donde Martí, ya no embretado por la literatura promedial que implica un informe colectivo, expresa francamente sus opiniones. Precisamente en ese trabajo, Martí da forma a algunos conceptos políticos que son esenciales para comprender su antimperialismo. "Lo real es lo que importa, no lo aparente. En la política, lo real es lo que no se ve." Y también: "¿En qué instantes se provocó, y se vino a reunir, la Comisión Monetaria Internacional? ¿Resulta de ella, o no, que la política internacional americana es, o no es, una bandera de política local y un instrumento de la ambición de los partidos?" Y este párrafo que despeja dudas: "Ni el que sabe y ve puede decir honradamente, —porque eso sólo lo dice quien no sabe y no ve, o no quiere por su provecho ver ni saber—, que en los Estados Unidos prepondere hoy, siquiera, aquel elemento más humano y viril, aunque siempre egoísta y conquistador, de los colonos rebeldes, ya segundones de la nobleza, ya burgesía puritana; sino que este factor, que consumió la raza nativa, fomentó y vivió de la esclavitud de otra raza y redujo o robó los planes vecinos, se ha acendrado, en vez de suavizarse, con el injerto continuo de la muchedumbre europea, cría tiránica del despotismo político y religioso, cuya única cualidad común es el apetito acumulado de ejercer sobre los demás la autoridad que se ejerció sobre ellos. Creen en la necesidad, en el derecho bárbaro, como único derecho: "esto será nuestro, porque lo necesitamos". Creen en la superioridad incontrastable de "la raza anglosajona contra la raza latina". Creen en la bajeza de la raza negra, que esclavizaron ayer y vejan hoy, y de la india, que exterminan." Y esta aseveración, que sintetiza de modo ejemplar su actitud como delegado: "Si algún oficio tiene la familia de repúblicas de América, no es ir de arria de una de ellas contra las repúblicas futuras."

El informe que presentara Martí en la quinta sesión, concluye proponiendo que se reúna, en Londres o en París, una Conferencia Monetaria Universal, con asistencia de los países americanos; y expresa que la Comisión "recomienda la asistencia a ella de todas las repúblicas". Los delegados latinoamericanos recibieron negativamente la propuesta leída por Martí. No falta quien sostenga que "las razones del vuelco sorpresivo había que buscarlas, pues, en el tiempo transcurrido entre la cuarta y quinta sesiones —siete días— y en las gestiones que, durante ellos, habían realizado cerca de los delegados hispanoamericanos, los intereses platistas, capitaneados por Blaine, que pretendían la permanencia de la Comisión Monetaria".

Sin embargo, el hecho mismo de la posterior suspensión de la Conferencia Monetaria, es celebrado francamente por Martí, ya que de alguna manera significaba una derrota para Blaine y para una de las primeras operaciones neocolonialistas planeadas por Estados Unidos. "Libre el campo, al fin libre, y mejor dispuesto que nunca, para preparar, si queremos, la revolución, ordenada en Cuba, y con los brazos afuera", le escribe a Gonzalo de Quesada. De todas maneras hay que deslindar dos rasgos en esta actuación de Martí como delegado de Uruguay: 1) la cuestión monetaria fue, en última instancia, un pretexto que le sirvió a Martí para expresar su antimperialismo, y 2) lo más importante de su intervención en la Conferencia fue que contribuyera grandemente a evitar que las repúblicas latinoamericanas se prestaran con mansedumbre a servir de comparsa al nuevo imperialismo.

¿Qué juicio mereció al Estado uruguayo la gestión de Martí, ya sea como cónsul o como delegado ante la Conferencia Monetaria? Todos los indicios y documentos, tanto de la época como inmediatamente posteriores, confirman que el gobierno de Julio Herrera y Obes y los que le siguieron estuvieron particularmente satisfechos con la gestión de Martí, quien dio un brillo particular al nombre de Uruguay con su actuación en la Conferencia. Hasta en detalles menores, Martí fue de una corrección ejemplar. En la carta al Ministro de Relaciones Exteriores de Uruguay, Manuel Herrero y Espinosa, con que acompaña el informe de la delegación a la Conferencia, dice Martí: "Esta es la hora oportuna de asegurar a V.E. que el honor que se me ha dispensado me liga de una manera aún más íntima, y de mayor obligación, con un país cuya larga y continua defensa en suelo extranjero me permite, sin presunción, ni lisonja, llamar mío. Ni tengo, Excmo. Señor, honra mayor que la de representarlo. Agradezco y pido al Superior Gobierno todas las ocasiones de serle útil." Y agrega esta observación: "Debiera, al dar cuenta de esta comisión, incluir la nota de los gastos en ella ocasionados: V.E. me permitirá que no la incluya, y dé por suficientemente remunerado el cargo con el honor que con él se me ha conferido." En el mensaje que, en 1914, enviara a la Asamblea General el entonces presidente uruguayo (y acaso la figura política más importante que ha dado el país en su etapa independiente) José Batlle y Ordóñez, proponiendo un homenaje a Martí, se transcribe aquella carta del poeta cubano y a continuación se acota: "Debe tenerse en cuenta que quien así se expresaba no tenía fortuna particular, vivió del producto de sus escritos y compartía en tierra extranjera, todo lo que ganaba, con sus compatriotas desterrados y pobres." O sea que el gobierno uruguayo de entonces era perfectamente consciente de la moral revolucionaria del gran cubano.

El extremo cuidado y la rigurosa honestidad con que Martí procedió en relación con sus funciones consulares, se hacen aún más evidentes en su carta-renuncia del 1o. de marzo de 1892, dirigida al Cónsul General de la República Oriental del Uruguay, Prudencio de Murguiondo:

Mi respeto y agradecimiento a la República con cuya representación aun me honro, me obligan, contra mi afecto natural, a deponer definitivamente ante Ud., insistiendo en su entrega inmediata, la representación consular que se hace incompatible con el deber que me impone mi condición de cubano. Traído por los acontecimientos de mi país natal a una situación pública de hostilidad a un Gobierno con quien el de la República Oriental está en amistosas relaciones, he de pasar, mal de mi grado, por la pena de renunciar al honor de una representación cuya permanencia en mi persona pudiera causar embarazos oficiales al pueblo glorioso y benevolentísimo para mí, que amo como mío, y del que me consideraré siempre hijo.

Desde el mes de Octubre se publicó en esta ciudad la renuncia que en aquella fecha hice del Consulado de la República, como del de la República Argentina y Paraguay, que se unían en mí; y mi pesar fue grande al saber que por amistad cuya nobleza me prohibe censurarle la indiscreción, la mano encargada de dar curso a la renuncia la retuvo, creyéndola innecesaria, y sin atender, por falta de familiaridad con las cosas del Estado, a su especial delicadeza. Insisto enseguida ante el Gobierno, expresando esta circunstancia, pero los acontecimientos de mi país natal me ponen donde mi persona debe estar en libertad absoluta, y el cariño a la República me manda cesar sin demora en su servicio porque éste es hoy mi mejor modo de servirla.

Sé, señor Cónsul General, que he amado al país, que lo he puesto ante esta nación, en cada caso de ignorancia y desconocimiento, donde el país merece estar por su laboriosidad y por su historia gloriosa; y sólo me cumple anhelar que el Supremo Gobierno, y el señor Cónsul General, no hayan tenido por inútiles estos años de labor americana, y asegurarle de que el que cesa de ser Cónsul, por imperio del deber, jamás cesará de ser, con gratitud y ternura, el servidor más afectuoso del país.

Veinticinco años después de la Conferencia Monetaria, y veintiuno después de la muerte en combate de José Martí, es decir en 1916, el nuevo presidente uruguayo Feliciano Viera, puso el cúmplase a aquella iniciativa de Batlle y Ordóñez, en el sentido de tributar un homenaje público al héroe cubano, expresando a nombre de Uruguay el reconocimiento a sus méritos y virtudes republicanas y a sus honrosos servicios y vinculaciones con nuestro país. El homenaje municipal se realizó el 8 de diciembre de ese mismo año, al darse el nombre de Martí a una calle montevideana, y allí hizo uso de la palabra, entre otros, el entonces Ministro de Relaciones Exteriores, Baltasar Brum, destacado político uruguayo que en 1933, frente al golpe de estado de Gabriel Terra, se iba a suicidar, en un gesto de rebeldía, pero también de frustración, muy similar al que dieciocho años más tarde tuvo Eduardo Chibás, en Cuba. Y allí dijo Brum: "Nuestra patria fue también la suya, no sólo porque todas las patrias de América son una, inmensa y grata, para los autores y héroes de su gran epopeya emancipadora, sino además, porque él quiso vincularse a ella de un modo especial y la amó con amor de hijo, y la honró muchas veces desde la cima laureada de su ingenio, con su pluma brillante y con su elocuencia dominadora. Fue nuestro

Cónsul en Nueva York, y allí representó nuestros intereses comerciales con provecho y con honra para el país. Fue nuestro delegado en el Congreso de Washington y allí colocó al Uruguay en un rango ilustre con el influjo de su palabra erudita y gentil." Y la placa conmemorativa, que fuera colocada en la esquina de Martí y Rambla, lleva la siguiente leyenda: "José Martí, libertador cubano, mártir de la independencia de su país, orador, poeta, publicista, representó brillantemente al Uruguay, que amó y reconoció como segunda patria."

Cuánta sangre ha pasado bajo los puentes desde los tiempos en que la posición del gobierno uruguayo respaldaba la actitud revolucionaria y antimperialista de su noble portavoz, sin duda una de las más encumbradas figuras de la historia y las letras de esta América. Quizá el proceso de deterioro que un fascismo colonial y dependiente ha provocado en Uruguay, pueda medirse, algo más que simbólicamente, en la apreciable distancia que va desde aquella enaltecedora coincidencia con Martí, en 1891, hasta la actual compatibilidad con Vorster, el racista sudafricano; desde el cálido homenaje a Martí, propuesto en 1914 por Batlle y presentado en 1916 por Brum, hasta la condecoración otorgada en 1976 nada menos que a Pinochet por la dictadura uruguaya.

Quiero concluir con una cita de Martí, que, a los efectos de nuestro tema, tiene un doble valor, ya que por una parte fueron palabras que Martí escribió cuando era delegado de Uruguay en la Conferencia Monetaria de 1891, y, por otro, fueron citadas setenta años después por el Che, en Uruguay, cuando tuvo lugar en Punta del Este la Conferencia del Consejo Interamericano Económico y Social de la OEA.

Otro delegado había recordado una frase de Martí, y entonces el Che expresó: "Contestaremos, pues, a Martí con Martí, pero con el Martí antimperialista y antifeudal, que murió de cara a las balas españolas luchando por la libertad de su patria y tratando de impedir con la libertad de Cuba que los Estados Unidos cayeran sobre la América Latina, como dijera en una de sus últimas cartas." Y a continuación cita este párrafo de Martí:

Quien dice unión económica, dice unión política. El pueblo que compra manda. El pueblo que vende sirve. Hay que equilibrar el comercio para asegurar la libertad. El pueblo que quiere morir vende a un solo pueblo, y el que quiere salvarse vende a más de uno. El influjo político. La política es obra de los hombres, que rinden sus sentimientos al interés, o sacrifican al interés una parte de los sentimientos. Cuando un pueblo fuerte da de comer a otro se hace servir de él. Cuando un pueblo fuerte quiere dar batalla a otro, compele a la alianza y al servicio a los que necesitan de él. El pueblo que quiere ser libre, sea libre en negocios. Distribuya sus negocios entre otros países igualmente fuertes. Si ha de preferir alguno, prefiera al que lo necesita menos. Ni uniones de América contra Europa, ni con Europa contra el pueblo de América. El caso geográfico de vivir juntos en América no obliga sino en la mente de algún candidato o algún bachiller a la unión política. El comercio va por las vertientes de la tierra y agua y detrás de quien tiene algo que cambiar por él, sea monarquía o república. La unión, con el mundo y no con una parte de él contra otra. Si algún oficio tiene la familia de repúblicas de América, no es el de ir de arria de una de ellas contra las repúblicas futuras.

Creo que las palabras de Martí, elegidas por el Che para ser pronunciadas en Uruguay, completan adecuadamente el ciclo de una relación tan significativa como la de Martí con Uruguay. Cuando llegue el día en que un gobierno uruguayo sea capaz de respaldar nuevamente el pensamiento de Martí, el Uruguay será verdaderamente libre. Y ese día llegará, no cabe duda.

XI. En busca de una identidad perdida

"Tratamos de recuperar nuestra memoria colectiva y buscamos el sentido de un espacio propio." Estas palabras del escritor martiniqués Edouard Glissant de alguna manera sintetizaron una actitud-promedio de los intelectuales antillanos (procedentes de Martinica, Surinam, Curazao, Jamaica, Haití y Barbados) que dialogaron con sus colegas hispanoamericanos durante el Encuentro convocado en La Habana por la Casa de las Américas. Para los latinoamericanos de habla española que asistimos a la reunión, ésta tuvo el significado de un telón que se descorre y muestra por fin una realidad compleja, rica y muy peculiar.

Como dijo alguna voz del Cono Sur, "nosotros aportamos a este Encuentro poco más que nuestra ignorancia sobre el tema". Sin embargo, la conciencia y admisión de esa ignorancia fue de todos modos un buen comienzo, o por lo menos un comienzo realista. Hasta ahora no había bastado el simple deseo de recabar información sobre la cultura antillana: sólo un investigador muy avezado, y siempre que dispusiera de dinero y paciencia en cantidades no despreciables, podía llegar a enterarse de esa realidad política y sus equivalencias culturales.

Si bien, por una parte, la única posibilidad de publicación y difusión que tiene un escritor de Martinica o de Barbados, es la de que sus libros sean editados en París o Londres, hay que señalar además que las librerías especializadas de Buenos Aires, Lima o México, que importan, para una élite bilingüe o trilingüe, las obras de escritores franceses o ingleses, no incluyen en su *stock* ningún libro de los autores del área colonial, y menos aún de las excolonias. Y si esta comprobación es válida con respecto al inglés y al francés, más improbable aún es que un autor de Surinam o de Curazao, aunque escriba en la lengua de su metrópoli, llegue al mercado latinoamericano, ya que, como también fue dicho en el Encuentro, "el holandés es el papiamento de Europa". Una tercera y totalmente ignorada categoría, es la de quienes escriben en las respectivas lenguas locales, como el *créole*, el papiamento, el surinamés, etc.

Debido seguramente a esta relación de fuerzas (que es más bien relación de debilidades) la presencia de los antillanos tuvo en el Encuentro una intención razonablemente didáctica. Pero aun así fue poco menos que fascinante para cualquiera de nosotros. Por algo el Caribe ha sido algo así como la Gran Piscina donde se dieron cita todos los imperialismos: los de ayer y los de hoy. Españoles, portugueses, ingleses, franceses, holandeses, y más recientemente los norteamericanos, se disputaron primero y se repartieron después, la codiciada zona. Aunque ideológicamente afines, cada uno de esos imperialismos trató de obtener la mejor y mayor tajada, y por supuesto tal aspiración chocó con las de las otras potencias coloniales.

Fue conmovedor escuchar, de labios de esos testigos implicados, la historia de sus angustias, frustraciones y esperanzas. Cuando el dramaturgo Pacheco Domacassé (nacido en Bonaire y residente en Curazao) empezó diciendo que se sentía "pequeño, desconocido y triste", y trató de explicar semejante estado de ánimo ("Sucede que mi pequeño país se está dividiendo en varios pedacitos") sencillamente no pudo continuar, porque se echó a llorar como un niño, y no bastó el aplauso solidario de todos los presentes para deshacer el nudo en aquella garganta. Es claro que el de Pacheco Domacassé es un caso extremo, ya que se trata de un autor que deliberadamente escribe en papiamento, como única manera de llegar a su gente, a su pueblo. Pero otro artista, que también viene del área colonial holandesa, el surinamés R. Dobrú, diputado en su país de flamante independencia, no escribe en papiamento sino en surinamés (otra suerte de esperanto, que incluye palabras de por lo menos cinco lenguas) y relató que en Surinam cada ciudadano debe expresarse en tres idiomas: el oficial (holandés), el que se habla en la calle (surinamés) y el que cada uno habla en su casa (que varía según su origen).

El idioma también es un elemento fundamental en las colonias francesas (Martinica, Guadalupe) o en Haití, que alguna vez ha sido llamada "provincia cultural de Francia". El *créole*, de fuerte raigambre popular, no sólo ha tenido y sigue teniendo una vigencia insoslayable, sino que además ha "contaminado" el idioma de la metrópoli: la *creolización* del francés es un fenómeno de ósmosis que va en aumento.

Por consiguiente no es de extrañar que tanto un autor del área francesa, Edouard Glissant, como otro de la zona inglesa, George Lamming, hablaran del exilio de cada escritor antillano dentro de su propio país. "Para el imperialismo norteamericano", dijo Lamming, "la independencia de estas ex-colonias es un desarrollo ilegal". O sea que los Estados Unidos pueden tolerar, dentro del área de su influencia, zonas que hayan quedado bajo tutela de otras potencias coloniales; pero que esos pueblos se sacudan la tutela y por ende la dependencia y la explotación, eso ya es demasiado. Comienza entonces la labor de penetración y la manipulación de ideas a través de distintos canales, que van desde la publicidad comercial hasta los Cuerpos de Paz, desde los sindicatos amarillos hasta los predicadores religiosos. Y ahí suele producirse un choque de imperialismos. En tanto que Francia trata, por ejemplo, de reducir la vigencia del *créole*, las empresas norteamericanas lo usan en cambio para la propaganda comercial. Y es lógico: la utilización del *créole* le conviene a Estados Unidos porque disminuye la influencia cultural de Francia. De modo que en la zona chocan las tendencias asimilacionistas de las metrópolis europeas, con la penetración (más ideológica que idiomática) de los Estados Unidos. Es comprensible que, al margen de tales conflictos, que a menudo tienen lugar por encima de sus cabezas, los escritores antillanos busquen desesperadamente su identidad. Un escritor guyanés, Arthur J. Seymour, se refería en 1975 a esa "larga búsqueda que surge de nuestro pasado colonial, de un pueblo que ha sido privado, desheredado, desposeído" y al intento de "crear una vestimenta de dignidad con los recursos de nuestra conciencia creadora, para envolver nuestra desnudez cultural, al mismo tiempo que somos fieles a nuestra promesa de obtener una vida económica y política mejor para todos". También un escritor jamaiqueño, Rex Nettleford, en su libro *Mirror, mirror*, plantea el mismo problema en otros términos: "La pregunta *¿qué somos?* conlleva al deseo: *lo que queremos ser.* Y si lo que queremos ser ha de tener algún significado práctico para Jamaica, debe haber alguna concordancia entre la *concepción externa* de los casi dos millones de jamaicanos y su propia *percepción interna* de sí mismos como entidad nacional. Éste es presumiblemente un modo seguro de salvarse de un estado de existencia esquizoide." Es doloroso comprobar que en las Antillas de habla inglesa, francesa u holandesa, se da mucho más frecuentemente que en África, Asia o América Latina, ese fenómeno de *esquizofrenia nacional*. Y la razón quizá tenga que ver con la pequeñez y el aislamiento de estos países, culturalmente dependientes de una lejana metrópoli y hasta hace muy poco desvinculados del resto de nuestra América. Precisamente Lamming señaló una posibilidad cierta: el hecho de que Cuba haya convocado para este Encuentro, permite conjeturar que la cultura antillana de habla no española, deje de pasar por Londres, París o Amsterdam, para concentrarse en un nuevo punto de difusión e intermediación: La Habana. Después de todo, cualquier ciudadano (y por lo tanto, cualquier escritor) de estos nuevos estados independientes, o de las viejas colonias, ha de sentirse mucho más antillano que inglés, holandés o francés.

Sólo integrándose en la memoria colectiva del área antillana (que por supuesto incluye al sojuzgado Puerto Rico y a la soberana Cuba); sólo asimilando su destino, ya no a las menospreciativas metrópolis sino al de este vasto continente mestizo, sólo así parece posible que estos aislados y dependientes pueblos dejen de sentirse "pequeños, desconocidos y tristes" como lamentó Pacheco, y encuentren "el sentido de un espacio propio" como quiere Glissant. Por un lado, nuestra América puede enriquecerse con esa bienvenida diversidad; por otro, nuestra solidaridad y nuestras propias luchas, pueden significar la vecindad y el respaldo que esa diversidad necesita para encontrar por fin su identidad.

XII. Dos muertos que no acaban de morir

Dos años pueden ser decisivos para un simple viviente, y hasta para un sobreviviente, pero por lo común no importan tanto para un hombre muerto. La muerte es casi siempre una clausura, una congelación de imágenes y recuerdos, un murallón del que los vivientes se van lentamente alejando, llevados por el impulso de la sobrevida, hasta que dejan de oír las voces y ver los rostros de quienes se perdieron en la sombra.

Es claro que cada muerto queda para los suyos, para los copartícipes de su afecto, pero tanto para esos allegados como para la comunidad entera, suelen permanecer inmóviles, definitivos, fijos. Pocos son los muertos que siguen transformándose después de su muerte.

Sin embargo, en la historia de cada pueblo siempre hay muertos que no acaban de morir. Seguramente todos recordamos un memorable poema de César Vallejo ("Masa"), que nuestro Viglietti suele decir con incanjeable acento y que empieza así:

Al fin de la batalla
y muerto el combatiente, vino hacia él un hombre
y le dijo: "¡No mueras, te amo tanto!"
Pero el cadáver, ¡ay! siguió muriendo.

Esta breve introducción sólo es para decirles que Zelmar y el Toba, asesinados hace dos años en Buenos Aires, no han acabado de morir. Por un lado no los deja morir del todo nuestro estupor.

Aunque hiciéramos cálculos sobre las peores y más criminales intenciones que se amasaban en una y otra margen del Río de la Plata, ¿quién iba a imaginar que alguien pudiera concertar la eliminación, fría y calculada, de dos hombres públicos de esa talla, dos hombres públicos cuya vocación era la paz con justicia, y cuyo estilo era el diálogo? Tampoco los deja morir del todo la esperanza que despertaba su presencia, el optimismo que ambos irradiaban. Pero sobre todo no los deja morir el ingrediente de absurdo horror que compaginó sus muertes. Siguen muriendo día tras día, para que no olvidemos la caudal generosidad, la dignidad inexpugnable, que representaron y seguirán representando para la comunidad oriental; pero también siguen muriendo día tras día para que sus asesinos no puedan jamás desprenderse de su culpa, desinteresarse de su crimen, aspirar al perdón.

Cuando los pueblos atraviesan períodos de luchas y de dura represión, la muerte pasa a ser una presencia obstinada, y resulta virtualmente imposible recordar cada aniversario, cada caída. Quizá por eso los pueblos siempre eligen nombres que de alguna manera ofician de símbolos. Así Líber Arce, por ejemplo, fue entre nosotros un símbolo, quizá por ser el primero de tantos jóvenes uruguayos que dieron su sangre y su vida por sus convicciones y su dignidad de hombres. Así Zelmar y el Toba también se constituyen en símbolos, por lo mucho que sus figuras representaban para el nuevo Uruguay que tarde o temprano edificaremos. La verdad es que si fuéramos a detenernos en cada caída, tendríamos que hacerlo todos los meses y en algunos períodos todas las semanas.

En un febrero, por ejemplo, cayó Íbero Gutiérrez —quizá el poeta más promisorio de su generación— abatido por el Escuadrón de la Muerte; en un abril cayeron Luis Martirena y su compañera, los cuatro tupamaros de la calle Pérez Gomar, y los ocho obreros comunistas del Paso Molino; en un mayo, además de Michelini y Gutiérrez Ruiz, fueron asesinados William Whitelaw y su compañera Rosario, y también desapareció para siempre el médico Manuel Liberoff; en un junio, Nibia Sabalsagaray murió en la tortura; en un julio fue eliminado Heber Nieto, y en otro julio Álvaro Balbi también murió en la tortura; en un agosto fue asesinado Líber Arce, y en otro agosto desapareció Julio Castro; en un septiembre, Hugo de los Santos y Susana Pintos fueron ametrallados en las calles montevideanas, y en otro septiembre fue asesinado Julio Espósito; en un octubre fueron virtualmente ejecutados en Pando, Jorge Salerno y varios de sus compañeros; en un diciembre sucumbieron Carlos Flores y Mario Robaina. O sea que la represión ha llenado de muertes virtualmente todos los meses del año, y esto sin contar las muertes sin fecha, esos que desaparecen sin dejar rastros y que pueden convertirse en los cadáveres mutilados que periódicamente aparecen en la costa atlántica. Y téngase también en cuenta que los mencionados son sólo una mínima parte de los caídos.

Ahora bien, de ese conjunto, elegimos hoy las figuras de Michelini y Gutiérrez Ruiz para sintetizar en ellos el espíritu de lucha y de sacrificio que fue asimismo patrimonio de todos los demás. El fascismo también los eligió. No lo hizo a ciegas, sino conscientemente; no lo hizo a solas, sino acompañado; lo hizo en la abyecta compañía de los subtiranos y vicedéspotas que asesinaron a Prats, a Torres, a Letelier, a Chamorro. Dime con quién andas y te diré *go home*.

Por supuesto, en cada uno de esos crímenes hay responsables directos: sucias manos ejecutoras, pero también planificadores pulcros que no descienden a mancharse las suyas con la sangre inocente. Hay asimismo una presencia sombría, algo así como el denominador común de todos los zarpazos. Está lo que en otras ocasiones he llamado "los ciclos de la CIA".

La historia contemporánea enseña que los portavoces oficiales norteamericanos nunca reconocen ni admiten *de inmediato* los desmanes de la CIA. Más aún: niegan enfáticamente su propia intervención, como si quisieran dar a entender que la CIA actúa por cuenta propia, sin consultar siquiera a la Casa Blanca. Por lo común transcurren varios años antes de que algún sagaz periodista del *Washington Post* o del *New York Times* publique la previsible y sensacional serie de artículos, denunciando la participación de la Agencia Central de Inteligencia en tal o cual atentado (exitoso o fallido) o en tal o cual golpe militar (generalmente exitoso). Sólo entonces aparecen los no menos previsibles senadores de la oposición (demócratas, si el gobierno es republicano; republicanos, si el gobierno es demócrata) que, haciéndose eco de las denuncias periodísticas, promueven una exhaustiva investigación, que por supuesto va a demostrar con pelos y señales, y también con grabaciones y fotografías, la culpabilidad de la famosa Agencia. Una vez alcanzado ese punto de ebullición, es fácil incluir en el horóscopo el capítulo subsiguiente: aparecerán como por encanto comentaristas internacionales, periodistas de nota, locutores de radio y televisión, premios Nóbel, escritores becados, ex-presidentes, ex-secretarios de la OEA, todos los cuales echarán a vuelo sus campanas para elogiar hasta las lágrimas la vigencia del derecho en el sistema democrático de los Estados Unidos, capaz de detectar en sí mismo sus transgresiones, sus trampas, sus mentiras, sus crímenes, y, como si eso fuera poco, nombrando a los culpables por sus nombres y sus seudónimos. Y cuanto más repugnante haya sido el crimen del pasado, más meritorio y paradigmático se vuelve el arrepentimiento del presente. Con semejante puntillazo final, y aunque ninguna de esas esplendorosas virtudes sirva para que los asesinados resuciten, el terreno queda listo para empezar a preparar la próxima eliminación de dirigentes de izquierda, el próximo estallido de un avión de pasajeros, el próximo atentado a embajadas del Tercer Mundo, y así sucesivamente. Como es lógico, cuando alguno de esos planificados nuevos golpes de la CIA se produzca, ya saldrá el portavoz de siempre, o su sustituto, a negar *enfáticamente* la participación de su gobierno, y sólo tres años después un periodista avezado descubrirá por fin que efectivamente fue la CIA la inspiradora del crimen, y aparecerán senadores de la oposición, etc., etc. El ciclo estará cumplido y santas pascuas.

En un reciente y documentado artículo sobre Uruguay, del periodista chileno Orlando Contreras, se cita una frase de un teórico de la CIA, Sherman Kent:

Existen otros (instrumentos) que sólo pueden ser empleados penetrando las líneas enemigas. Este grupo de instrumentos está analizado por el rumor inventado y echado a correr por medio de la palabra oral; incluye, además, el soborno, el perjurio, la intimidación, la subversión, el chantaje, el sabotaje en todas sus formas, los secuestros, las trampas engañabobos, el asesinato, las emboscadas, el francotirador y el ejército clandestino.

Sería bueno que alguien le mostrara al presidente Carter este catálogo, a fin de que lo adjuntara al expediente sobre violación de derechos humanos.

Lo cierto es que, con asesoramiento o sin él, en inglés o en español, quienes planearon y llevaron a cabo el asesinato de Michelini y Gutiérrez Ruiz sabían perfectamente cuánto significaban una y otra figura, como enlaces de unión, como aglutinadores políticos. El origen batllista de Michelini y la militancia nacionalista de Gutiérrez Ruiz hacían inverosímil el sambenito de subversión que por lo general cuelgan a cuantos cometen el pecado de denunciar el entreguismo económico de la dictadura y su avasallamiento de los derechos humanos; sin embargo, también a ellos se lo adjudicaron. Los organizadores del crimen fueron conscientes sin embargo de que uno y otro eran figuras claves en la difícil faena de estructurar acuerdos de emergencia entre todas las fuerzas que se oponen al régimen. Pocos dirigentes, de cualquier sector, han sido tan estimados y respetados por todos los grupos o partidos políticos de Uruguay. Me consta, además, porque en varias ocasiones hablé del tema con Zelmar pero también con el Toba, que una de sus preocupaciones cardinales era la asunción concertada de una actitud política coherente, capaz de reconquistar la paz, la justicia y la libertad para nuestro pueblo.

Recuerdo la última vez que hablé con Gutiérrez Ruiz, allá por junio o julio de 1975. Yo estaba entonces en Lima, mi segundo exilio. En horas de la madrugada sonó el teléfono y era el Toba, que me llamaba desde el aeropuerto, donde estaba de tránsito por unas horas. Me dijo: "Vas a ver que nos encontramos en octubre." "¿Dónde?" pregunté. "¿Dónde va a ser? ¡En Montevideo! " Su optimismo era así, desmedido y desbordante, y también altamente contagioso. Creo que esa actitud era una suerte de contraveneno que él generaba, no sé si consciente o inconscientemente, contra el pesimismo, el derrotismo, la frustración, la indiferencia, el escepticismo, el desánimo y la inadaptación, que constituyen —todos lo sabemos— las siete plagas del exilio. Pese a que, por lo general, yo no compartía tan avasallante euforia, creo que ésta cumplía una función necesaria, sobre todo porque en él no era una pose, ni un fácil triunfalismo, sino un deseo profundamente sincero y arraigado, un deseo que cuando él lo expresaba se volvía verosímil.

A Zelmar, por distintas razones, lo conocí más y mejor. Aunque en Montevideo, donde nos encontrábamos varias veces por semana, en la Mesa Ejecutiva o en el plenario del Frente Amplio, o en las reuniones de la llamada Corriente, teníamos una constante relación, fue en realidad en Buenos Aires donde fuimos construyendo de a poco una amistad realmente fraternal, en la que la política era por supuesto un ingrediente no despreciable, pero que a esa altura ya no era el principal. Lo esencial era allí la formidable calidad humana de Zelmar. Debe haber sido el uruguayo más solidario que he conocido jamás. La solidaridad otorgaba de algún modo un sentido esencial a sus palabras, sus ademanes, sus actitudes. En ocasiones solemos decir de alguien que "es capaz de tender una mano", pero a nadie le corresponde mejor que a Michelini esa expresión. Zelmar tendía una mano que no era una metáfora; antes que ningún otro significado, era sencillamente eso, una mano, pero una mano cálida, comprensiva, una mano que ayudaba a superar pequeños o grandes obstáculos, a no tropezar dos veces con la misma piedra. La ayuda solidaria de Zelmar era especialmente importante porque no llegaba en forma de úkase ni de autosuficiencia; simplemente se sentaba a razonar sobre el problema o la situación, ya que para él lo cardinal no era que el consultante siguiera ciegamente su consejo sino que llegara a descubrir su propia opinión, llegara a encontrarse con su conciencia a fin de construir por sí mismo sus decisiones.

Por decaído que estuviera, sobre todo cuando recibía noticias de que su hija presa había sido nuevamente torturada, siempre reservaba una zona de su jornada para dar aliento a los demás. Recuerdo por ejemplo una de esas tardes en que la nostalgia y la depresión se juntan para nublar el ánimo. Yo estaba en mi departamento de Buenos Aires y sonó el teléfono. Pregunté rutinariamente quién era, y una voz que al comienzo no reconocí, respondió: "Un admirador." Cautelosamente pregunté otra vez quién era, y entonces Michelini (porque era él) estalló: "¡Cómo quién es! ¿Pero cuántos admiradores te crees que tenés? Te habla el único seguro." Y con esa salida, que era típica de él, ya que en el terreno de cierta burla afectiva se movía como pez en el agua, exorcisó automáticamente toda mi mufa de ese atardecer.

No sólo Michelini o Gutiérrez Ruiz; creo que todos (aunque hayamos sobrevivido) hemos pagado un precio excesivo por la paz. No sólo la muerte; también la prisión, la tortura y el exilio constituyen precios excesivos. ¿De qué nos sirve una paz precariamente construida sobre bases tan ignominiosas? Quienes estamos aquí, en gran mayoría, sabemos algo de un precio excesivo llamado exilio.

Por algún misterioso azar, la palabra *éxodo* parece ligada al destino del pueblo oriental. En este 1978 se cumplen 167 años del llamado Éxodo del Pueblo Oriental, que para los gauchos de entonces era simplemente la "redota". En aquella ocasión el pueblo, sintiéndose traicionado por Buenos Aires y Montevideo, acompañó a Artigas hasta el Ayuí. Fue algo así como el exilio de la dignidad. Hoy, a tanta distancia de aquella migración de hondo sentido político, el éxodo de uruguayos se está con-

144

virtiendo en un hecho asombroso, con cifras desusadas no sólo para América Latina, sino para el mundo entero. Los protagonistas de esta nueva "redota" salen del país a contrapelo de sus hábitos, de sus vocaciones, de sus afectos, sencillamente porque no les queda otra opción: unos para salvar la vida, otros para que no los apresen y torturen, los más tan sólo para encontrar trabajo y subsistir. Si el de 1811 fue el éxodo de la dignidad, éste es además el éxodo de la necesidad.

En varios países de América Latina y de Europa he hablado (yo mismo, un exiliado) con compatriotas llegados allí en los últimos años. Y es angustioso ver cómo, especialmente los jóvenes, sufren el desarraigo. Quizá ello se deba a que el Uruguay, con su larga etapa de democracia liberal, no había contraído el hábito de la emigración. Más bien estaba habituado a acoger exiliados de casi todos los países de América Latina. Ciudades como México y Montevideo fueron durante prolongados períodos las capitales del exilio político latinoamericano. Por razones de vecindad, los argentinos, brasileños, paraguayos, bolivianos, que, debido a situaciones políticas debían abandonar sus países, elegían frecuentemente el Uruguay como residencia transitoria. El pueblo es allí acogedor y solidario; las leyes y las costumbres admitieron siempre las incorporaciones al medio. Lo cierto es que al uruguayo le cuesta bastante adaptarse al exilio, a pesar del notable espíritu solidario con que ha sido acogido por otros pueblos, entre los que figura en destacado lugar el mexicano.

A la dictadura no le agrada mucho que se toque este tema espinoso, quizá porque se trata de una de las objeciones más irrefutables contra su gestión. La verdad es que no hay declaración, manifiesto, protesta o denuncia, que pueda llegar a ser tan elocuente como la escueta realidad del éxodo, y en particular la monstruosa relación entre el número de emigrantes y la población total. A veces, el explicable resentimiento genera en los exiliados opiniones violentas, lapidarias; sin embargo, a veces es más útil postergar el estallido emocional y limitarse a los hechos, más reveladores que todos los epítetos. No hay juicio más severo de un pueblo sobre su gobierno, que este alejamiento colectivo. Para que cientos de miles de hombres y mujeres prefieran los graves problemas de la readaptación, del desajuste anímico, de la adopción de un nuevo camino y hasta de un nuevo oficio, antes que seguir viviendo y trabajando en su propio país, con su gente, su profesión, sus hábitos y su paisaje, tienen que existir motivos impostergables. Después de todo, aunque por ejemplo hubieran emigrado *todos* los que votaron en 1971 por la coalición izquierdista Frente Amplio, la cifra llegaría a trescientos mil. Si en realidad es aproximadamente tres veces mayor, quiere decir que el malestar ha penetrado también otras capas de la población. Este es un hecho innegable, que no puede ser alterado por la fácil retórica de los discursos o la falsa objetividad de los comunicados. Es un dato que no puede ser variado por las encuestas digitadas o los optimismos ministeriales. El día en que la realidad tenga un positivo y verdadero cambio en ese pequeño y castigado país del Cono Sur, y en consecuencia vuelva a ser viable la residencia en él para los jóvenes y no tan jóvenes, no habrá necesidad de que ningún censo oficial o *survey* oficioso lo comunique a la opinión pública. La presencia en las calles o en los campos, en las aulas o en las fábricas, de una juventud dinámica, estudiosa, productiva (como la que siempre existió en Uruguay) dirá elocuentemente que ese pueblo ha retomado el rumbo de su liberación.

Recuerdo que a mediados de 1972, el general Líber Seregni (hoy en la cárcel), en un removedor discurso referido a los jóvenes, alertó: "¿Cuál es el mundo que hoy les ofrecemos? ¿Acaso los queremos convertir en emigrantes?" El aviso no fue escuchado, y efectivamente el régimen los convirtió en emigrantes. Su responsabilidad es grave. Un sistema que rechace, o relegue, o ignore a sus jóvenes, estará mostrando antes que nada su mala conciencia, pero también una actitud cortoplacista y una torpeza manifiesta, ya que un país sin jóvenes o de espaldas a los jóvenes, habrá necesariamente de perder identidad, habrá de estancarse en una pobre rutina.

Es imprescindible evitar que ello ocurra. Y en ese esfuerzo pueden desempeñar un papel singular los jóvenes expulsados, los muchachos y muchachas del exilio. Su obligación, su deber primero, pues, es mantenerse jóvenes. No envejecer de nostalgia o de tedio, sino mantenerse jóvenes. No envejecer de rencor o descreimiento, sino mantenerse jóvenes para que en la difícil y anhelada hora del regreso, vuelvan como jóvenes y no como residuos de pasadas rebeldías; como jóvenes, no como valetudinarios prematuros; como jóvenes, es decir, como vida.

Por otra parte, creo firmemente que el aporte de los jóvenes puede ser fundamental en el logro de una meta que quizá, en distintos grados y hasta apoyada por dife-

146

rentes argumentos, estuvo siempre presente en las preocupaciones de Michelini y Gutiérrez Ruiz: me refiero al esfuerzo conjunto de los uruguayos que se oponen a la dictadura, a fin de que se desmorone su sistema implacable. Y nosotros quizá tengamos el deber de ser más concretos aún en ese objetivo: tenemos que consolidar, planificar, garantizar la unidad de las fuerzas populares.

Cada vez que me he acercado a algún núcleo uruguayo del exilio, la unidad aparece como una aspiración, una necesidad, casi una obsesión. O sea que esa unidad es importante, ya que es un reclamo que viene desde abajo, desde las bases. Pero tenemos que estar muy atentos, muy vigilantes. Hay palabras como justicia, libertad, democracia, que han sido deformadas, falsificadas y en definitiva gastadas por el enemigo. Nosotros debemos restituirles su sentido primigenio. Pero también debemos evitar por todos los medios que nosotros mismos deformemos, falsifiquemos y desgastemos la palabra *unidad*.

Reconozcamos que el enemigo sí ha hecho bastante por unirnos, ya que cuando se trató de perseguir, prohibir, apresar, acosar, torturar y matar, no se olvidó de ningún grupo, de ningún partido; nadie pudo sentirse privilegiado y a salvo. Sinceramente creo que el único medio que tenemos a mano para impedir que la palabra *unidad* se gaste, es convertirla en hechos. Como simple palabra, ya cumplió su ciclo y sembró sus alertas; como hecho político, en cambio, tiene todo el futuro por delante.

Bajo la luz tutelar —porque ellos nunca serán sombras— de Zelmar y del Toba, exhorto aquí a mis compañeros y compatriotas a que no hablemos más de intenciones de unidad; pero los exhorto con mayor énfasis aún a que actuemos unitariamente; a que saquemos cuentas y advirtamos qué enorme suma de cosas tenemos que hacer en conjunto antes de ponernos a discutir las diferencias, por legítimas que éstas sean.

Que tire la primera piedra quien no abomine de la tortura y no esté de acuerdo en reclamar una amnistía total, sin exclusiones; una amnistía que incluya al general Líber Seregni, a José Pedro Massera, a Raúl Sendic, a Héctor Rodríguez, porque ellos y cada uno de los siete mil presos políticos no pertenecen a un sector en particular sino que pertenecen al Uruguay en lucha; que tire la segunda piedra quien no reclame por los derechos del hombre y la mujer orientales; que arroje la tercera piedra quien no esté de acuerdo en restaurar las libertades sindicales, así como el libre funcionamiento de todos los partidos y movimientos políticos; que arroje la cuarta piedra quien no reclame una actitud soberana en lo internacional y una política económica que tenga en cuenta los intereses del pueblo; que tire la quinta piedra quien no exija la autonomía para la Universidad. Y bueno, las piedritas que queden, que serán menores, quizá las guardemos para tirárnoslas mutuamente cuando tengamos el derecho y el deber de hacerlo en un Uruguay que permita y hasta auspicie el debate libre, la discusión feraz, el derecho a disentir.

Es probable que la mejor definición del fascismo haya sido escrita más de un siglo antes de que el fascismo naciera. Es de Artigas y dice así: "A los tiranos no les queda más recurso que el triste partido de la desesperación." Conviene que tengamos conciencia de que nuestra lucha es contra ese partido. Sólo un triste partido de la desesperación puede meter al prójimo en un cepo; sólo un triste partido de la desesperación puede haber optado por el asesinato del Toba y de Zelmar; sólo quien no tiene fe en la vida, puede apostarlo todo a la muerte.

Nosotros tenemos el derecho de sentirnos agobiados, nostálgicos, doloridos, pero tenemos la obligación patriótica de no desesperarnos. La desesperación se la dejamos íntegra para ellos. Nuestra esperanza legítima es que se desesperen por completo, no sólo cuando la OEA (¡nada menos!) se niega a visitarlos, ni sólo cuando el presidente Carter deja de sonreír y frunce el ceño ante la cifra de siete mil presos políticos, sino cuando se miren al espejo y en vez de sus rostros de miedo vean los rostros de coraje y dignidad de todos aquellos a quienes torturaron o hicieron torturar.

Quiero finalizar estas palabras regresando al poema de Vallejo, quizá porque en él veo la única clave para que Zelmar y el Toba dejen de morir:

Al fin de la batalla,
y muerto el combatiente, vino hacia él un hombre
y le dijo: "¡No mueras, te amo tanto!"
Pero el cadáver ¡ay! siguió muriendo.

Se le acercaron dos y repitiéronle:
"¡No nos dejes! ¡Valor! ¡Vuelve a la vida!"
Pero el cadáver ¡ay! siguió muriendo.

Acudieron a él veinte, cien, mil, quinientos mil,
clamando: "¡Tanto amor y no poder nada contra la muerte!"
Pero el cadáver ¡ay! siguió muriendo.

Le rodearon millones de individuos,
con un ruego común: "¡Quédate hermano!"
Pero el cadáver ¡ay! siguió muriendo.

Entonces, todos los hombres de la tierra
le rodearon; les vio el cadáver triste, emocionado;
incorporóse lentamente,
abrazó al primer hombre; echose a andar...

No pretendo que a Zelmar y al Toba, esos limpios cadáveres de nuestra historia reciente, los vayan a rodear todos los hombres de la tierra. Pero sí podemos aproximarnos a ellos quienes creemos en un Uruguay digno, de hombres libres; y es seguro que cuando ellos se vean rodeados no por pedacitos de pueblo que se miran con recelo, sino por un pueblo compacto que converge hacia la libertad y la justicia, sus cadáveres tristes y emocionados, se incorporarán lentamente, abrazarán al primer compañero, y echarán a andar.

XIII. Algunas formas subsidiarias de la penetración cultural

1

¿Qué escritor, invitado a una reunión social, una vez que está a tiro de las preguntas, no se ha sentido como un simple elemento decorativo, algo así como un florero o un búcaro de reciente adquisición que el dueño de casa exhibe a sus amistades? "¿A qué hora le gusta escribir? ¿Cómo y cuándo se le ocurre un cuento? ¿Domina a sus personajes, o los personajes (¡esos demonios!) lo dominan a usted? ¿Cree en la inspiración? " Ante esas preguntas, u otras por el estilo, uno tiene que elegir: o dice la verdad, que por lo general es muy escueta, muy cotidiana, muy corriente, y por lo tanto apta para defraudar todas las expectativas; o apela a respuestas de ficción, rodeándolas de un ámbito de misterio o por lo menos de inquietante ambigüedad, colmando así, y hasta sobrepasando, la mayor de las expectativas. Lamentablemente, si elige la primera opción, es probable que aparezca como un estúpido; si elige la segunda, en cambio, puede verse a sí mismo como un idiota irrecuperable. También está a su alcance una tercera opción, la más oscura quizá, pero también la más honesta: renunciar a su destino de florero.

Hace más de diez años, en una de esas veladas, el dueño de casa iba presentando a los asistentes, y después del nombre agregaba el género: "Fulano, novelista; Mengano, escultor; Zutano, cantante." Pero de pronto llegó un señor que no practicaba ningún arte en particular, y el anfitrión empezó diciendo: "El amigo X", y vaciló un poco antes de encontrar el calificativo: "Espíritu selecto."

Tales encuentros, que pueden tener lugar en cualquier país del mundo, suelen estar integrados sobre todo por esos "espíritus selectos", es decir por frívolos gustadores y disgustadores de la obra artística, gentes a quienes importan más los suburbios del arte que el arte mismo, más el chisme que la reflexión. Lamentablemente, el escritor puede llegar a creer que *ésos* son sus lectores, las bases de su comunicación, los receptores de su trabajo. Se equivoca, claro: los verdaderos lectores tienen poco que ver con esa fauna.

Es claro que la vanidad, ese tembladeral de las élites culturales, suele tender trampas peligrosas. No es extraño que el elogio superficial, el asedio esnobista, vayan ablandando de a poco el rigor autocrítico, y hasta provocando algo tan negativo como la ulterior búsqueda inconsciente de la alabanza inútil. Escribir para agradar, por ejemplo, puede llegar a ser una funesta fórmula, capaz de liquidar a un escritor.

¿Dónde está entonces el lector verdadero? He aquí una de las curiosidades de la vida literaria. Lo más probable es que un autor jamás llegue a encontrarse, ni menos aún a dialogar, con el mejor, el más profundo, el más sagaz, el más humano de sus lectores. El libro aparece, y cada ejemplar emprende un rumbo distinto. Uno se instalará en un anaquel, y quizá allí muera virgen, sin que nadie dedique ni una distraída mirada a su lomo vistoso. Otro será tal vez leído en parte, y luego abandonado, como una frustración. Otro más irá de mano en mano, cubierto de miradas y de arrugas y hasta es posible que deje algunas páginas en el camino. Y acaso un último ejemplar encuentre a su destinatario natural, y sólo en este ignorado lector el libro puede que llegue a estremecer una zona sensible, o una herida reciente, o una convaleciente nostalgia, o un odio interminable. A este lector sí el libro le mueve el piso: a veces le afloja una convicción que creía particularmente sólida y segura; otras veces le devuelve confianzas que había arrumbado por inservibles. Para este lector el libro entra a formar parte de su vida, y sin embargo ello no implica necesariamente que desee conocer a su autor. Su próximo prójimo es el libro, no quien lo escribió. Por consiguiente, nunca se acercará a pedirle un autógrafo, ni a elogiarle un fragmento, ni a bombardearlo con preguntas que de tan inteligentes son prescindibles. No obstante, a veces el azar se vuelve cómplice y hace que (sin que nadie busque a nadie) el autor se cruce con ese *lector verdadero*. Y esos pocos y azarosos encuentros, que por lo general transcurren sin testigos, suelen representar para el escritor las más gratificantes repercusiones de su obra. ¿Qué puede ser más importante para un escritor que enterarse de que uno de sus personajes salió provisoriamente del libro para restañar una herida, o aclarar una vislumbre, desvirtuar un malentendido, o acabar con una inhibición, o generar una esperanza? ¿Qué puede ser más removedor para un artista que llegar a saber que alguno de sus libros sacudió un esqueleto o cambió el curso de una vida? ¿Qué mejor elogio que enterarse de que su obra generó una bronca sustantiva y levantó agudas observaciones que ahora, en compensación, lo conmueven a él y le hacen repensar toda una situación? Seguramente, en ninguno de estos casos se sentirá florero o elemento decorativo, sino un aceptable contribuyente a la lucha que su prójimo libra en cada jornada para vivir y sobrevivir. ¿Qué importa entonces la vanidad, ese apolillado biombo que separa al autor de su lector?

La vanidad tiende siempre a distorsionar el papel del escritor en la sociedad capitalista. En primer lugar, porque los críticos, los gacetilleros y otros hacedores de famas, saben perfectamente que ésa es por lo general la zona más frágil de un artista. Y actúan en consecuencia. Si la comunicación entre autor y lector fuera directa, sin intermediarios, la vanidad acaso se cayera sola, como una cáscara inútil. Pero los intermediarios están para hacer preguntas indiscretas, tomar fotos reveladoras, poner títulos sensacionalistas, hurgar en la vida privada. Cuando aparece un nuevo libro, el escritor por lo general concurre a la casa editora, o a una librería, y firma ejemplares. Después de todo, el libro es un objeto más del mercado de consumo, y la publicidad usa todos los medios que tiene a su alcance para asegurar una buena venta. Y uno de esos medios es la vanidad del escritor, a veces la *modesta* vanidad del escritor. Lo malo es que el escritor toma a veces esos empujes del aparato publicitario como una estricta valoración cultural, y cree que los halagos y la repercusión sobrevienen debido a los notables valores de su obra, y no debido a que su libro es un artículo de consumo. Siempre es bueno que un escritor sepa que los valores permanentes de su obra, si los tiene, o la relación profunda con su lector, si éste existe, no van a ser mayores o menores porque un aparato de publicidad organice su promoción o su descarte. Simplemente venderá más (o menos) libros, y hasta puede que obtenga más (o menos) premios. Pero el valor esencial de una obra de arte tiene poco que ver con semejantes computadoras; en todo caso tiene bastante más que ver con la inserción natural del autor en su tiempo y en su comunidad.

2

La irrupción del fascismo en América Latina ha traído consigo tal erosión de los derechos humanos, tal refinada crueldad en la aplicación de la tortura, tal dramática destrucción de la familia, que, lógicamente, toda la atención reivindicativa y también las denuncias a escala mundial, ponen el acento en esos rubros fundamentales y prioritarios. No obstante, los especialistas en penetraciones culturales no dejan por ello de cumplir su función específica. Más aún: esa explicable preocupación, ese propósito de restituir al hombre chileno, uruguayo, argentino, boliviano, brasileño, paraguayo, etc., sus avasallados derechos, y prerrogativas tan elementales como su vida, su trabajo y su seguridad, paradójicamente facilitan la gestión y las maniobras de penetración en rubros más sutiles.

En rigor ¿quién va a ocuparse hoy en día de un campo, particularmente rico en ambigüedades, como la penetración cultural. cuando lo que está penetrando a diario en varios de nuestros países es la más refinada tortura, como consecuencia del adiestramiento a oficiales latinoamericanos que se lleva a cabo en Fort Benning (centro de entrenamiento norteamericano donde, por ejemplo, se especializó Pinochet), Fort Gulick y otras academias del suplicio? ¿Quién va a combatir, a esta altura, la penetración que siempre llevaron a cabo en las universidades latinoamericanas las tristemente célebres fundaciones de Estados Unidos, cuando buena parte de esas universidades han sido clausuradas, o intervenidas, o simplemente funcionan bajo un estricto control militar? Sin embargo, los especialistas en ese tipo de penetración no han sido dados de baja, entre otras razones, porque la situación de los países que padecen un fascismo dependiente y colonial, puede convertir en "posible" la *misión imposible*.

No es una novedad que las fundaciones norteamericanas (particularmente las que sostuvieron y financiaron el llamado Congreso por la Libertad de la Cultura) tuvieron siempre como meta la neutralización del intelectual. Desde hace mucho eran conscientes de que resultaba bastante difícil lograr que un intelectual latinoamericano de cierto nivel (salvo en el caso de algunos tránsfugas vocacionales) se convirtiera en su aliado incondicional, sobre todo considerando que ya no eran los tiempos de la política del Buen Vecino, impulsada por Franklin Delano Roosevelt, ni siquiera los de la Alianza para el Progreso del sonriente John F. Kennedy, sino más bien los del genocidio y el napalm en Vietnam, de las corruptelas Watergate y Lockheed, de la confesa participación norte-americana en el golpe contra Salvador Allende.

Alguien dijo una vez que si Rubén Darío estaba fascinado por la marquesa Eulalia, había escritores más recientes que en cambio eran tentados por la duquesa Guggenheim. Reconozcamos, sin embargo, que los tentadores profesionales estaban teniendo poco éxito en su misión de reclutamiento; entonces, como sabían que no era verosímil que un artista confesara públicamente su adhesión al enemigo de los pueblos, al artífice de la tortura, al destructor del hombre, se imponían una tarea bastante más modesta: lograr por lo menos la *neutralización* del intelectual, del escritor, del artista, del universitario. Quien haya usado una beca suculenta o recibido un premio tranquilizador, por parte de alguna fundación norteamericana, aunque en el fondo de su conciencia siga creyendo en la causa de los pueblos, en rigor se verá inhibido de hacer pública esa convicción, y las más de las veces se llamará a silencio.

Ahora bien, ¿cuál es el nuevo elemento que hoy, en medio del empuje fascista, debe tenerse en cuenta en relación con la penetración cultural? No es un secreto que en varios países latinoamericanos se ha producido un éxodo masivo. Sobre todo en Uruguay (se calcula que ochocientos mil de sus habitantes, o sea un 30% de su población total, ha emigrado, por razones que van de la persecución política a la penuria económica) pero también abarca a Chile (hay medio millón en el exilio), Bolivia (diez mil familias se han ido) y Argentina (donde la represión oficial, más la acción de comandos parapoliciales como las AAA, han provocado una importante migración, no sólo de argentinos sino también de otros latinoamericanos que habían buscado refugio en ese país, después de los golpes militares de Brasil, Uruguay, Bolivia y Chile).

El intelectual ha participado de esa diáspora como cualquier otro sector social. Muchos escritores del Cono Sur viven hoy como exiliados en aquellos países de América Latina que han resistido la invasión del fascismo; pero también están desperdigados en Francia, España, Italia, Suecia, las dos Alemanias, Rumania, Inglaterra, Portugal, Suiza, etc. Por lo que se sabe, la mayoría de ellos vive, como los demás exiliados, una etapa de difícil readaptación. Algunos han debido emigrar de urgencia, sencillamente para salvar la vida, dejando atrás familia, trabajo, editores, y hasta su biblioteca, ya que por lo general es más fácil llevar consigo las cuentas de los acreedores que los varios de miles de libros juntados a lo largo de toda una vida. A la sensación de frustración y de derrota, de desarraigo y de nostalgia, se agregan las obvias dificultades para conseguir contrato de trabajo, vivienda, permiso de residencia; en muchos casos la incomunicación se acentúa debido a la repentina inserción en otro idioma, otros hábitos, otros prejuicios (entre los cuales no es raro que haga su sombría aparición la xenofobia). ¿Qué mejor ocasión para que las consabidas fundaciones se acerquen al escritor y le exhiban sus confortables ofertas y suculentas tentaciones? Ellas siempre están, como buitres, al acecho de nuestras pobrezas y de nuestros desánimos. Hay escritores y artistas que en otro momento no habrían vacilado en rechazar las ofertas, y sin embargo hoy (a regañadientes y con una inocultable sensación de culpa) las aceptan. No obstante, conviene destacar que hay muchos otros que (aun en las peores condiciones de vida o de trabajo) las rechazan. Entre estos últimos figura por ejemplo el novelista argentino Haroldo Conti, secuestrado y tal vez asesinado en Buenos Aires por un comando aparentemente civil, y que en 1974 había hecho público su rechazo de la suntuosa beca Guggenheim.

En las condiciones actuales, sólo aquellos intelectuales que estén muy seguros de sus convicciones y de sus principios, podrán hallar en sí mismos la dignidad suficiente como para rechazar ese canje de su seguridad económica por su neutralización política, ansiado objetivo de los órganos de penetración. En estas circunstancias tan especiales, es difícil y hasta injusto criticar a quienes aceptan el trueque (a veces el estómago tiene razones que la razón no comprende), pero en cambio es necesario destacar la actitud, que muchas veces permanece ignorada, de aquellos escritores que prefieren sus escaseces, su pobreza, su peregrinaje de frontera en frontera, antes que la humillante entrega al enemigo (o al amigo de su enemigo) de ese bien que salvaron del naufragio: el uso de la palabra.

3

En una época en que la ciencia va alcanzando niveles que aparentemente dejarían poco espacio para las actitudes irracionales, es curioso comprobar un avance sorprendente de la magia, la astrología, el misticismo y otras formas del irracionalismo. Si a ello se agrega la proliferación de drogas y alucinógenos, que en el área juvenil alcanza (a escala mundial) cifras cada vez más alarmantes, cabe suponer en la sociedad contemporánea un deseo generalizado de evasión. Motivos no faltan, claro, en cualquiera de nuestros países: la violencia diaria (que no es sólo la de los tiros, sino también la que imponen el hambre, la miseria, el desempleo, la escasez de vivienda, distintos tipos de mordaza, etc.), con su correspondiente cuota de inseguridad; la corrupción y sus tentaciones; la ley de la selva de las grandes ciudades, con su inhumana competencia para sobrevivir; el desencanto frente al derrumbe de ciertos mitos, todo ello produce una cadena de frustraciones individuales y colectivas que generan un comprensible inconformismo, canalizable hacia dos rumbos: la rebeldía o la fuga. Cabe anotar que quienes eligen la evasión (en cualesquiera de sus formas) no son los menesterosos: a ellos les está vedado hasta el derecho de evadirse. Quienes eligen la evasión provienen por lo general de capas sofisticadas de la sociedad y en cierto modo es lógico que así sea: ni la marihuana, ni la adhesión a un lejano Gurú, ni siquiera la consulta a uno de esos tantos especialistas en tarot, quirología, radiestesia y parapsicología, cuyos avisos aparecen en los diarios, están al alcance de todos los bolsillos. Aunque por supuesto en otro nivel, el rastrillo del psicoanálisis también recoge su cuota de fugitivos, pero esa terapia, aunque con base científica, tampoco es para indigentes.

Demás está decir que el psicoanálisis no constituye en sí mismo una forma de evasión, y que científicamente aplicado puede ser de gran ayuda cuando un ser humano debe emerger de su propio abismo, pero también es cierto que en las grandes ciudades siempre hay analistas cuya especialidad es más bien la de desactivar el inconformismo y la rebeldía de los jóvenes, a fin de que se acomoden al sistema. Quién sabe si no estaremos asistiendo a los inicios de una planificación racional (como en el filme *Rollerball*) de las evasiones irracionales. Por lo menos hay algunos signos que llaman la atención. El primero de todos: que sea justamente en la juventud (clásico manantial de rebeldías) donde estén tomando mayor impulso las variantes de fuga: desde las canciones de Sandro a la marihuana, desde el retorno de los brujos al advenimiento de los gurús, todo me trae el recuerdo de una frase de John L. Lewis que allá por los años cincuenta fue tomada por los *beatniks* norteamericanos como un lema ritual: "Nosotros nos desafiliamos." Y viene otro recuerdo adicional. Por la misma época, la edición 1958 del American College Dictionary incorporaba el término *beat generation*, definiéndolo así: "miembros de la generación que . . . se unió en el común propósito de aflojar las tensiones sociales y sexuales, y abogó por la antirregimentación, la desafiliación mística y los valores de simplicidad material. . ." Considerando que las *tensiones sexuales* no se aflojan así nomás, hay el derecho de suponer que la definición apuntaba más bien a las otras tensiones: las sociales. Y luego la *antirregimentación*, o sea en buen romance lo opuesto a la organización, a la concertación de rebeldías. Y la *desafiliación mística*. Quizá lo místico fuera un pretexto, pero en cambio la desafiliación era algo así como una misión a cumplir. Y el mundo de *Rollerball:* misión cumplida.

En las paredes del Hospital Neuropsiquiátrico de Buenos Aires figura esta inscripción: "En el país de los ciegos, el tuerto está preso." Podríamos agregar que, en cambio, en el mundo de los videntes, los brujos (como en Colombia) celebran congresos. ¿No resulta sospechosa tanta tolerancia? Muchos de nuestros gobiernos son más tolerantes con la brujería que con la oposición política. La promoción de cualquier propuesta de irracionalismo o de evasión, especialmente si va destinada a los jóvenes, por lo común cuenta con el aval de los sectores más reaccionarios. En los mismísimos Estados Unidos, pese a todas las seriales de TV acerca de la lucha contra las drogas, el gobierno no sólo no se ha mostrado particularmente severo con los drogadictos jóvenes, sino que, como es notorio, ha usado drogas y alucinógenos de variada especie en la guerra de Vietnam, a fin de proporcionar a los soldados norteamericanos la euforia anticomunista que aparentemente no le inyectaban los discursos de Nixon.

Eso en los Estados Unidos. Pero en América Latina ha habido en los últimos años una seria ofensiva en pro de la evasión. En las calles céntricas de algunas capitales sudamericanas puede verse a los adeptos de distintas sectas, no precisamente arengando a inexistentes masas en el viejo y patético estilo del Salvation Army, sino haciendo proselitismo mano a mano, y puerta a puerta; por otra parte, a la salida de liceos o escuelas de enseñanza media, los alumnos son abordados por otros muchachos, generalmente mayores, que los convocan para el "viaje". Para quienes tratan de digitar los movimientos y las reacciones de una sociedad en beneficio de sus intereses, ¿qué mejor inversión que lanzar a los adolescentes hacia un escape que los mantenga marginados e inocuos? Mientras va en busca de insólitas sensaciones, el joven pierde la sensación, más humana y normal, de su contorno. Cuanto más se recluye en sí mismo, o en una mística relación con una inasible presencia, más se va a desinteresar del quehacer comunitario, menos aludido va a sentirse por ese prójimo plural que constituye la sociedad. No es casual que uno de los actuales *best-sellers* del irracionalismo, el poeta libanés Jalil Gibrán (1882-1931), haya escrito: "El verdadero hombre es aquél que no gobierna ni es gobernado." ¡Eso sí que es desafiliación! *Gobernar y ser gobernado* son los dos extremos de un hecho fundamental: la política. Al renunciar a ambos, ese "verdadero hombre" que postula Gibrán se niega a sí mismo toda responsabilidad, todo compromiso político.

Ahora bien: esa *desafiliación* de los jóvenes ¿a quién puede interesar prioritariamente sino a quienes defienden y usufructúan un orden económico que basa sus ingentes beneficios en la plusvalía, que es más o menos como decir el ocio rentado? Para las distintas formas de evasión que hemos enumerado, hay evidentemente muchas explicaciones posibles, pero frente a cierto concertado interés, a nivel internacional, en mutilar las rebeldías juveniles mediante propuestas de crudo irracionalismo, es dable conjeturar que la famosa *desafiliación* se ha convertido en una más de las empresas multinacionales que dominan el área capitalista y sus suburbios. Aunque esta vez se trate de una empresa ideológica, cuyo dividendo no ha de medirse en dólares contantes y sonantes, sino en una singular e indirecta garantía de menor riesgo.

4

Hace unos quince años, en ciertos cursos para guionistas de televisión que se dictaban en Porto Alegre, Brasil, los profesores enseñaban a los alumnos una regla de oro: escribir siempre pensando que el televidente tiene once años. No sé qué habrá pasado con aquellos cursos, pero **es evidente que, si aún se dictan, deberían bajar la edad** promedio del telespectador ideal, ya que los chicos de once años vienen hoy muy avispados. Un niño de siete u ocho años, en cambio, suele mantener intacta su capacidad de asombro. Un amigo porteño me contaba que un hijo suyo, de ocho años, era un entusiasta del fútbol, pero nunca había concurrido a un estadio: sólo veía los partidos por televisión. Un día el padre se conmovió ante aquel entusiasmo de segunda mano y decidió llevar a su hijo al estadio. Luego, en la tribuna, la emoción del muchacho era visible, pero como no pronunciaba palabra, el padre le preguntó qué le parecía todo aquello. "Pero papá", dijo el chico saliendo por fin de su asombrado mutismo, " ¡aquí el fútbol es en colores! "

Ojalá fuera sólo ésa la diferencia entre la televisión comercial y la realidad. Telespectadores menos inocentes que el hijo de mi amigo, pueden advertir que para las cámaras de TV existen dos palabras claves: violencia y felicidad. Quizá parezcan contradictorias, y tal vez lo sean. De todas maneras, para evitar incómodas colisiones temáticas, cada palabra-clave tiene una particular zona de operaciones. La violencia es una constante de las seriales norteamericanas, tan prioritariamente acogidas por la mayoría de los canales de América Latina. La felicidad, en cambio, es arduamente buscada en los respectivos tele-teatros nacionales. (Aclaro que no me refiero a un país en particular; he visto televisión comercial, no en todas pero sí en buena parte de las capitales latinoamericanas, y he hallado que los rasgos comunes son más importantes y decisivos que las ocasionales diferencias.)

Es obvio que en varios de nuestros países la violencia es un dato cotidiano, y más de una vez se dice que el ciudadano se va paulatinamente acostumbrando a esa estallante presencia. Quizá conviniera indagar qué grado de responsabilidad tiene en ese acostumbramiento la cuota diaria de violencia reaccionaria que brinda la televisión. ¿Quién va a asombrarse de que en los basurales de Buenos Aires aparezcan cuatro o cinco cadáveres por jornada, si en el capítulo diario de cada serial norteamericana son muchos más los crímenes que se amontonan frente al atónito espectador? A ciertos jerarcas políticos del Continente les gusta achacar al marxismo, y su acción ideológica en las universidades, la responsabilidad de la violenta rebeldía de los jóvenes. No es frecuente, en cambio, que alguno de esos interesados analistas políticos señale en sus términos reales la influencia que ejerce (ya no en la zona siempre reducida de las universidades sino en la ilimitada audiencia del hogar) esa verdadera escuela de odio, discriminación y crimen, que es la serial norteamericana de televisión. ¿Constituye acaso un mero azar que las productoras de Estados Unidos se dediquen con tanta fruición a ese campo? Conviene no olvidar que ahí siempre triunfan los *buenos*, o sea los *marines* norteamericanos, el FBI, la CIA y otros representantes del *American Way of Death*. Tampoco conviene olvidar que cuando aparece un latinoamericano, éste es por lo general un haragán, un corrupto, un sucio, un glotón, un delator. Ésa es la imagen que nos quieren vender de nosotros mismos y (lo que es mucho más infamante) ésa es la imagen de nosotros mismos que muchos canales de América Latina adquieren y ofrecen al público.

¿Y la felicidad? Es más bien un tema de entrecasa, pero quizá no sea harina de otro costal. Es fácil comprobar que, para cualquier animador de programas, la sonrisa ya no es un gesto espontáneo sino una obligación profesional, algo así como una cláusula del contrato. En los EE.UU., modelos y locutores de TV deben aprender a decir la palabra *cheese* (queso), que aparentemente es la que adiestra mejor para la sonrisa-tipo. Por suerte, *queso* es en español una palabra seria.

Además, es curioso comprobar que en los teleteatros no existen conflictos sociales ni contorno político: la gente tiene mucho más problemas de corazón que de salarios, cuando en la escueta realidad suelen ser los problemas de salarios los que contraen el corazón. Un país puede sacudirse diariamente con atentados, secuestros, huelgas, torturas, despidos, inflación, desalojos, pero los guionistas de la televisión comercial transitan indemnes e impertérritos (de lo contrario, no tendrían trabajo) en medio de tanta incomodidad ambiente, refugiándose por lo general en sus triángulos amorosos, que últimamente han pasado (sospechosamente) a ser pentágonos. Para colmo, los teleteatros duran toda una temporada (desde comienzos de otoño hasta el fin de la primavera), de modo que hay tiempo para que en ese lapso las casi desgracias (las desgracias absolutas no tienen cabida en el limbo televisivo) se enhebren con lugares comunes, administrados con rigurosos cuentalágrimas. Sin embargo, cuando se acerca el verano todos los conflictos se solucionan con una rapidez que ya quisieran para su área los ministros de economía. A tal punto estas dulces peripecias están despegadas de la realidad que un autor tan exitoso como el argentino Alberto Migré declaró recientemente: "He podido comprobar que hoy la gente espera los noticieros, con los dramas que se muestran, para emocionarse y vibrar con esos problemas; eso antes lo buscaban en los teleteatros." Lo que sucede es que, poco a poco, el telespectador (de más de once años, claro) va aprendiendo que tanto la violencia como la felicidad tienen hoy en día otra trama, otro ritmo, y sobre todo otras motivaciones. Pero la verdad es que ese duro aprendizaje lo realiza a contrapelo, en ardua lucha contra la planificada mentira que a diario le brinda la pantallita doméstica. Es cierto que la televisión es hoy en día el más penetrante medio de información (y más frecuentemente, de desinformación). Encararlo con seriedad significa, entre otras cosas, abandonar la sonrisa obligatoria. Pero también hay que comprender que, sin la sonrisa puesta, un locutor de televisión debe sentirse algo así como desnudo.

5

Pese a sus tradiciones comunes, los países latinoamericanos se han diferenciado lo bastante entre sí como para que no despierten sospechas ciertos estribillos afectivo-ideológicos que a veces irrumpen en varias capitales a la vez. En la costa atlántica circularon hace varios años algunos lemas aparentemente ingenuos y tan compartibles como "Yo amo a mi Argentina ¿y usted? ", "Yo quiero al Uruguay, ¿y usted? ", "*Brasil: ame ou deixe-o*", los cuales, impresos en costosas etiquetas, eran exhibidos en las grandes tiendas y sobre todo en los suntuosos automóviles de la oligarquía, conglomerado éste que en América Latina no se ha distinguido precisamente por una tenaz defensa de las respectivas soberanías nacionales. Con todo, es probable que el común denominador de tales profesiones de fe patriótica haya aparecido más nítido en el todavía recordado programa de un espectáculo bonaerense: allí, en medio de una prolija bandera norteamericana, se leía este irónico lema: "*I love my Argentina, and you? Richard Nixon.*"

Por otra parte, la televisión, la radio, la prensa, la propaganda comercial, los discursos de los políticos y hasta las homilías de algunos obispos, suelen recordarnos que nada ni nadie nos debe apartar de "nuestro estilo de vida". No descarto que, en medio de ese armónico coro, haya gente bien inspirada que crea verdaderamente en lo que dice, pero de todos modos cabe señalar que aun dentro de un mismo país hay por lo general varios estilos de vida. Por ejemplo: el estilo de vida de las villas marginales (*poblaciones callampas* en Chile, *villas miserias* en

Argentina, *cantegriles* en Uruguay, *favelas* en Brasil, etc.) evidentemente no es el mismo que el de los grandes latifundistas, banqueros e industriales. ¿Cómo hallar un común denominador entre semejantes extremos? Sin embargo, tanto se machaca con el estribillo, que el ciudadano medio no advierte que el pretendido y promedial estilo *nuestro* tiene matices inocultablemente ajenos. Si se deja influir por la publicidad de la penetrante televisión, el obrero o el empleado aspirará a un estilo de vida que no es precisamente el suyo y que incluye imponentes automóviles, fabulosos casinos, mansiones con piscinas, yates lujosos; pero además todo el país (cualquiera de nuestros países) empezará a confundir *su* estilo de vida con un estilo que ni siquiera es el de otro poderoso país en su conjunto, sino apenas el de un privilegiado sector del mismo. Cuando revistas de enorme tiraje proponen por ejemplo la impecable imagen norteamericana de Jackie Kennedy-Onassis, etc. (cuya reciente reducción de gastos mensuales a varias decenas de miles de dólares habrá provocado seguramente el misericorde insomnio de los famélicos habitantes del Nordeste brasileño), omiten que una auténtica imagen norteamericana abarca asimismo el hacinamiento y la miseria de Harlem, así como la discriminación a puertorriqueños y chicanos, aspectos que por supuesto también forman parte del tan publicitado y paradigmático estilo de vida norteamericano.

Voy a detenerme, sin embargo, en otra suerte de penetración. Sabido es que la comunidad católica (nos guste o no, es un dato objetivo que los pueblos latinoamericanos tienen una acendrada vocación religiosa) celebra dos importantes festividades en las postrimerías de cada año (Navidad) y en los albores del siguiente (Día de Reyes). Hasta hace unos treinta años, en países como Argentina y Uruguay, la costumbre de dejar regalos a los niños se concentraba en el 6 de enero. El 25 de diciembre era sobre todo una fiesta religiosa, y si bien es cierto que los pinos navideños tienen su añeja tradición, el hábito de regalar en Navidad a parientes y amigos abarcaba sobre todo a los adultos. Más aún: siempre que una familia de modestos o escasos recursos debía optar por una de las dos festividades para brindar regalos a los chicos, el Día de Reyes era el preferido. Por otra parte, la costumbre de "dejar los zapatos" en la noche que va del 5 al 6, confería a esa celebración un misterio y hasta una magia que eran capitales en la historia de las expectativas infantiles.

163

Es cierto que todavía hoy el culto a los Reyes Magos se mantiene en muchas familias, pero es evidente que año a año va cediendo en importancia ante el empuje publicitario de Papa Noel, San Nicolás y sobre todo la variante anglosajona Santa Claus ("Santa" lo llaman abreviadamente en Estados Unidos). Por supuesto, ambas tradiciones son legítimas, pero se me ocurre que, por varias razones, el culto de los Reyes Magos estaba más cerca de las inquietudes y esperanzas del niño latinoamericano. Por lo pronto el misterio de la noche de Reyes es siempre más estimulante que la empalagosa cursilería de los *jinglebells*. Año a año, los Reyes renovaban su enigmática y cuasi justiciera generosidad; año a año, el hartazgo del entorno mercantil navideño sólo genera una monótona y onerosa repetición. Hasta el significado religioso ha pasado a segundo plano: la Navidad es hoy un recurso promocional de ventas, tanto o más productivo que el Día de la Madre, el Día del Padre, el Día del Abuelo, y otras conminaciones del almanaque apócrifo. Por otra parte, los alimentos que, en burda parodia acompañan las navidades del Cono Sur, son, con sus ingentes calorías (tan apropiadas para las temperaturas bajo cero de los diciembres neoyorquinos o parisienses, y tan inadecuadas para nuestros 34° sobre cero) causa de más de una indigestión latinoamericana.

Creo sin embargo que esta sutil penetración navideña (una suerte de Tío Sam-Claus) es algo más que una obvia campaña comercial; es, sobre todo, un nuevo intento de sustituir los hábitos naturales de nuestros pueblos, proponiendo e imponiendo otros modelos. De ahí que la inefable mentira importada sobre "nuestro estilo de vida", tan inviolable él, tan intocable él, esté adecuadamente simbolizada en esa navidad invernal y nevada que los rioplatenses hemos de celebrar en plena canícula. Después de todo, no estaría mal que Melchor, Gaspar y Baltasar propusieran a coro: *"Santa Claus, go home."*

6

El objetivo prioritario de la publicidad comercial es, por supuesto vender, o por lo menos ayudar a la venta de un determinado producto. Cuando abrimos el diario o encendemos el televisor, somos perfectamente conscientes de que los avisos, los *jingles*, los breves dibujos animados, las escenitas bucólicas, etc., están allí para vendernos una máquina de afeitar o un *shampoo*, un turboventilador o una motoneta. Es un juego simple: se acepta o se rechaza. Después de todo, es la ley del consumismo.

En el ámbito capitalista, la propaganda crudamente política también exhibe y propone opciones, y aunque, al ocultar o deformar datos objetivos, al distorsionar la dimensión o el sentido de un hecho cualquiera, puede llegar a ser más embustera aun que la publicidad comercial, de todas maneras es también una propuesta más o menos desembozada; y cabe rechazarla o aceptarla.

Lo que no se ve en cambio con la misma claridad es que en la propaganda aparentemente comercial haya asimismo propuestas políticas. Curiosamente, no son meras incitaciones, desconectadas unas de otras, sino que están sólidamente unidas por una misma concepción. No proponen un programa ni un ideario ni un sistema políticos; más bien proponen un mundo, pero ese mundo sí oficia de denominador común en la mayoría de los avisos que aparentemente sólo exaltan las supuestas bondades de un producto comercial.

Es obvio que la publicidad mercantil va dirigida *a todas las clases sociales:* una empresa que fabrica o vende, por ejemplo, aspiradoras, no le pregunta a su cliente si es latifundista u obrero metalúrgico, militar retirado o albañil; tampoco le pregunta si es católico o ateo, marxista o gorila. Su única exigencia es que le paguen el precio. Sin embargo, aunque la propaganda va dirigida a todas las clases, el producto que motiva cada aviso siempre aparece rodeado por un solo contorno: el de la clase alta. El fabricante o importador de una determinada marca de cigarrillos sabe perfectamente que su producto puede ser adquirido por un ejecutivo, un tornero o una manicura, pero cuando lo promociona en cine o televisión es casi seguro que lo haga aparecer fumado por algún *playboy*, cuyo más sacrificado quehacer será en todo caso jugar al polo, o tostarse al sol en la cubierta de un yate, junto a una beldad femenina en mínima tanga. Una motoneta pude ser un indispensable útil de trabajo para un agente de ventas o un mecánico electricista, pero en la publicidad aparecerá vinculada a una frívola porción de muchachos y muchachas, cuya única tarea en la vida debe ser la de salir de excursión en medio de paisajes impecables, desprovistos por supuesto de detalles tan incómodos como la miseria o el hambre. Un *shampoo* puede tener como usuaria normal a una telefonista o a una obrera textil, que para emplearlo se verán por cierto en figurillas, ya que su tiempo libre es cada vez más escaso. Pero en la tanda comercial de TV o de cine, las cabelleras (que serán prolijamente rubias, como las de Estados Unidos, y no oscuras, como las de las lindísimas trigueñas de América Latina) ondearán al impulso de una suave brisa, mientras la dueña de esa hermosura corre lentamente (ojo: esto no es un lapsus, ya que en cine y TV se puede *correr lentamente*) al encuentro del musculoso adonis que la espera con la sonrisa puesta.

Es indudable que la gran consumidora comercial es la clase media. Por formación o por cautela, el obrero es menos sensible a la persuasión publicitaria. La clase alta sí adquiere muchos bienes materiales, pero constituye una élite de privilegio, y en consecuencia es menos numerosa. La clase media en cambio es el estrato básico de las grandes ciudades de América Latina: compra todo lo que puede, y aunque en períodos de crisis como los que hoy se viven en casi todos los países del Continente, su capacidad de compra se reduce, de todas maneras *son muchos a comprar poco*, y esa combinación, en cifras redondas, ha dado siempre mejores dividendos que la fórmula de la clase alta, donde *son pocos a comprar mucho*.

¿Por qué entonces, si la clase media sigue siendo la gran destinataria de la publicidad comercial, virtualmente no figura en el mundo impecable, divertido, frívolo y aséptico que esa misma propaganda ofrece? El mundo capitalista tiene sus divinidades: el dinero, esa suerte de Moloch de la vida moderna, es el Gran Poder, pero también el Gran Mito. Por lo tanto, el paradigma que la sociedad de impronta capitalista propone no es el del hombre culto y solidario, justo y generoso, sino el del individuo que simplemente tiene dinero, mucho dinero, sin importar los condicionantes éticos o simplemente humanitarios. Para el hombre que tiene dinero, y por tanto poder, la vida es facilidad, diversión, confort, estabilidad. No tiene problemas económicos ni laborales (entre otras cosas, porque no labora) y hasta apela al sacrosanto dinero para solucionar sus problemas sexuales y/o sentimentales.

Pues bien, ese hombre que es un colmo de subjetivismo, de insensibilidad social, de egoísmo, de frivolidad, ése es el modelo que el consumismo nos exhibe. No nos propone que todos ingresemos en ese clan de privilegio, ya que en ese caso dejaría de serlo. Simplemente, intenta convencernos (apuntalando la persuasiva empresa con imágenes seductoras y estribillos pegadizos) de que esa clase es la *superior*, la que indefectiblemente tiene el poder, la que en definitiva *decide*. Mostrar (con el pretexto de un jabón o un encendedor) que sus integrantes son ágiles, ocurrentes, elegantes, sagaces, apuestos, es también un modo de mitificar a ese espécimen, de dejar bien establecida su primacía, y en consecuencia de asegurar una admiración y hasta un culto de esa imagen. Es claro que la clase alta tiene gerentes panzones, feas matronas, rostros crapulosos, pero no son ésos los que aparecen.

Curiosamente, las agencias de publicidad reclutan sus modelos en la clase media, pero siempre los presentan con la vestimenta, las posturas, el aire sobrador, la rutina ociosa de la alta burguesía. Y, por supuesto, esos personajes siempre se mueven en su habitat natural: la propiedad privada. El día en que lleguemos a comprender que la propaganda comercial, además de incitarnos a adquirir un producto, también nos está vendiendo una ideología, ese día quizá pasemos de la dependencia a la desconfianza. Y ésta, como se sabe, es un primer paso hacia la independencia.

7

Mallarmé consideraba a la prensa como "el moderno poema popular"; quizá exista hoy otro elemento de la cultura de masas al que podría aplicarse, por lo menos tentativamente, esa misma caracterización: me refiero a cierto tipo de canciones que, gracias a un imponente aparato publicitario, llegan a vastos sectores de pueblo. El desarrollo multinacional de las empresas de discos; la aparición del *casette* como incentivo para la curiosidad y el disfrute del *homo ludens;* los grandes —y no tan grandes— festivales de canción popular, que surgen en medio de un despliegue que no sólo propaga sino que aturde; los premios, las entrevistas, las confidencias, las seudobiografías, los chismes, los romances y las rupturas que rodean como un halo iridiscente la vida y los milagros de cada cantante exitoso, si bien convierten el género en un rubro más del mercado de consumo, también lo hacen apto como instrumento ideológico, como sutil manera de influir en las masas.

No faltará quien acote que, salvo raras excepciones, las únicas canciones que incluyen un designio político evidente son las difundidas por artistas de izquierda, los mal o bien llamados cantantes de protesta (aunque quizá tenga razón Daniel Viglietti cuando se considera a sí mismo un cantante de *propuesta* y no de *protesta*). Y es cierto: en esas canciones la intención política aparece con todas sus letras. Quizá por eso mismo su acción y su repercusión sean más limitadas, o por lo menos no alcancen, en el ámbito capitalista, los impresionantes niveles de difusión de aquellos cantantes que pertenecen al *sistema* de las grandes casas editoras de discos y *casettes*.

Sin embargo, el hecho de que las canciones comerciales no incluyan en sus textos el menor planteamiento político, por cierto no significa que —así sea de modo indirecto— no se encuadren dentro de un propósito de ese tipo. Es bastante esclarecedor, en este sentido, el examen objetivo de las letras de canciones que inundan los programas de las radioemisoras, los *shows* de televisión, los grandes festivales, los escaparates de las disquerías, los cuadros de *hits*, etc.

Por supuesto, el amor es el tema, ya no prioritario sino virtualmente único; pero también es único el modo de aproximarse a él. Una canción de Raphael sólo se diferencia de una de Sandro en los jadeos, jipíos y semisollozos de éste último, pero poco o nada en las letras, que también podrían ser de Sabú, Palito Ortega o Julio Iglesias. El amor sigue en todas ellas un esquema rígido, superficial y monótono; y, por añadidura, emplea un lenguaje que poco o nada tiene que ver con las contraseñas y las complicidades del coloquio amoroso o los juegos eróticos de las jóvenes parejas.

Es claro que la canción amorosa es un subgénero tan legítimo como cualesquiera otros. Baste recordar, por ejemplo, el excelente nivel alcanzado, en ese campo particular, por los franceses. En el repertorio de Edith Piaf, Georges Brassens, Jacques Brel, Barbara o Serge Reggiani, cada canción de amor es por lo general una obrita maestra, donde todo, desde la música hasta el hallazgo formal de la letra, desde el uso natural (ni forzado ni facilongo) de la rima hasta la originalidad del enfoque, suelen conferir a cada canción un rasgo particular y un nivel artístico, que permiten su incorporación al patrimonio cultural de un pueblo, que la seguirá recordando y cantando mucho después de que el cantante la haya sustituido en sus programas. Sin embargo, no se trata de una posibilidad sólo alcanzable en la desarrollada Europa; también se dio en América Latina con los mejores tangos, boleros, rumbas, bossa nova, etc., cuyos autores buscaron —y consiguieron— que el tema del amor adquiriera en cada letra un carácter propio, diferenciable, y por eso mismo digno de ser recordado. Conviene agregar que tanto en la canción francesa como en el tango rioplatense, el amor fue un tema frecuente, acaso prioritario, pero de ninguna manera el único. Los conflictos sociales; ciertas actitudes ante la vida o la muerte; la ciudad, sus calles, esquinas y plazas; la política y la guerra; la cárcel y la libertad; el terruño y la nostalgia del mismo, etc., aparecen constantemente en las letras de esas canciones.

¿A qué se debe entonces el uso y el abuso de un esquemático tema amoroso en el actual cancionero comercial? Y sobre todo ¿a qué se debe el tratamiento repetido, superficial, monótono, de rima indigente y obvia, y de un desarrollo temático que a veces linda con la estupidez? No se diga que el público rechaza la canción sentimental o de buen nivel. Si resulta anacrónico recordar la vigencia que tienen aún hoy los tangos de Discépolo, y se prefiere una referencia estrictamente joven, baste con señalar las canciones de Serrat, que por lo general abordan el tema amoroso con originalidad, con frescura, con humor, con sensibilidad artística. ¿No será que los hacedores de *hits* prefieren el éxito que va ligado a una función mediatizadora, paralizante, diversiva, anestesiante o fraudulenta? Cuando se escuchan, uno tras otro, los *hits* más publicitados de los cantantes comerciales, es posible advertir que su acción en los jóvenes quiere ser la de una droga o un alucinógeno. Pero lo más interesante es que el amor que proponen es casi siempre un sentimiento o un deseo o una pasión, totalmente despegados de la vida real y cotidiana. Es un amor que transcurre sin horario, sin trabajo, sin jornales, sin oficinas, sin fábricas; es un amor sin contorno social, sin jefes ni patrones, sin compañeros de trabajo; sin pobreza ni injusticia; sin plagas ni invasiones; sin enfermedades (como no sean las del pobre corazón que sufre su abandono) ni prisiones, sin represión ni rebeldía. El amor de las canciones comerciales es algo así como las cuentas y los espejitos de los primeros colonizadores, o como la propuesta democrática de los colonizadores contemporáneos: una abstracción, un limbo. La cursilería y el empalago que nivelan las canciones comerciales son perfectamente compatibles con un trazado ideológico que cosifica y enajena al ser humano.

No es improbable que en los planes de los expertos en penetración cultural y neutralización de los jóvenes, las anestesiantes canciones del amor abstracto y asocial estén destinadas a ir formando esa "mayoría silenciosa" (término acuñado por los asesores de Richard Watergate Nixon), suerte de robot colectivo que no se preocupa por el napalm, ni la picana eléctrica, ni los aviones de pasajeros que hace estallar la CIA.

El hábito de cantar ha sido desde siempre una necesidad de los pueblos. A través de los siglos los hombres han cantado a sus héroes, a sus dioses, a la mujer amada, al coraje, a la patria, a la soledad, a la guerra y a la paz. Las canciones acompañan las alegrías y vicisitudes de cada pueblo, de cada época y también de cada individuo. La vida de cada uno incluye siempre alguna canción que ha sido testigo de momentos de euforia o de amargura, de amor realizado o de adiós para siempre, de frustración social o de redención colectiva. Y cada vez que la volvemos a escuchar, viene con ella todo un mundo de imágenes y sentimientos.

Ya hemos visto que (siempre que el artista, consciente o inconscientemente, lo permita) la canción puede llegar a funcionar como un formidable factor de alienación. En realidad, el amor es más complejo que el que proponen esos primitivos esquemas. El amor es una creación perpetua, y genera día a día situaciones nuevas, como por ejemplo las aludidas en las letras de los jóvenes cantantes cubanos (especialmente Silvio Rodríguez y Pablo Milanés).

Al comienzo mencioné el otro tipo de canción popular: la de claras motivaciones políticas. Aquí el peligro es también la caída en el esquema, aunque resulte de signo contrario. Muchos autores hacen canciones con la mejor intención del mundo: quieren trasmitir un mensaje político del que están sinceramente convencidos. Pero si convierten la letra en un mero panfleto, olvidan que la canción, como género, también debe cumplir sus leyes; entre otras, la de tener nivel artístico. Si se repasan las canciones (de amor o políticas) que han sobrevivido a través de los años, se verá que su común denominador es el buen nivel artístico. Sólo cuando la canción existe como tal antes que como instrumento crudamente ideológico (o sea cuando cumple primero las leyes de la canción, y sólo después las del mensaje), sólo entonces pasa a ser una ventana abierta, algunas veces hacia el pasado aleccionante, y otras hacia un futuro que queremos ganar. Entonces sí, cuando esas ventanas-canciones se abren, es como si circulara por el sórdido callejón de nuestras miserias una corriente sana, un aire puro, algo que de algún modo nos oxigena y nos ayuda a cumplir con dignidad y con valor esa dura tarea que es vivir, simplemente vivir, en esta América.

8

Más de una vez son recordadas las palabras de Marx: "Los filósofos no han hecho más que interpretar de diversas maneras el mundo; pero de lo que se trata es de transformarlo." Es justamente la voluntad de transformación lo que ha exasperado siempre a los sectores sociales más retrógrados. Mientras una cultura nacional se limite a interpretar realidad y contorno, la reacción, así como los grandes intereses económicos y logísticos que la sustentan, pueden permitirse el lujo de ser amplios y hasta admitir el derecho a disentir. Pero si esa misma cultura; si los intelectuales, artistas y hombres de ciencia que la integran e impulsan, ponen sus interpretaciones al servicio de una voluntad de transformación, y de esa manera las convierten en apoyos y complementos de un cambio sustancial en lo social y en lo político, aquellos mismos intereses se alarman, y —desde su punto de vista— con bastante fundamento, ya que cuando un pueblo comienza, en cualquiera de sus sectores, a adquirir conciencia de su razón, de su fuerza y de su papel en el devenir histórico, pasa también a ser protagonista de un proceso irreversible.

Lo cierto es que en varios países de América Latina la cultura había empezado a participar en un proceso de profunda evolución y toma de conciencia; y no es menos cierto que la nueva actitud se había desarrollado en forma paralela a una combativa posición de las masas, a una fundada rebeldía de los jóvenes y a una paulatina maduración ideológica del pueblo entero. La reacción golpeó entonces con tremenda dureza e increíble crueldad, y tuvo sus más eficaces aliados en los oficiales latinoamericanos rigurosamente adiestrados en las academias de tortura de Estados Unidos, donde entre otras cosas aprendieron que su misión prioritaria no era ya la defensa de las respectivas patrias, sino el suplicio y asesinato de sus compatriotas inconformes.

Por supuesto, los golpes más duros fueron asestados a los grupos armados, a los partidos y movimientos marxistas, a los más progresistas sectores cristianos. Pero la implacable represión también abarcó el ámbito cultural, artístico, universitario. La conmoción internacional provocada por el cierre y la mediatización de universidades; por la prisión, tortura y asesinato de escritores y artistas de prestigio; por la clausura de diarios, revistas, editoriales, entidades culturales, institutos de investigación, etc., agravó el precio político que, en ese nivel, pagaron las derechas con la adopción de tales medidas regresivas; éstas resultaron, en última instancia, un claro índice del histerismo que se adueñó de los centros de poder no bien percibieron la entidad ideológica, la función de esclarecimiento y la actitud combativa que iba adquiriendo la cultura.

Es bueno recordar que en 1811, cuando ya había empezado a sufrir en carne y patria propia los embates de las coaligadas oligarquías de la época, el héroe oriental José Artigas dijo que "a los tiranos no les queda más recurso que el triste partido de la desesperación". Aun hoy es difícil hallar otra definición del fascismo en tan pocas, exactas y premonitorias palabras. Justamente es un *triste partido de la desesperación* el que hoy ha emprendido, fundamentalmente en el Cono Sur, una sistemática destrucción de la cultura, realizada de manera directa y sin tapujos. Verbigracia: la clausura del teatro El Galpón de Montevideo, o la troglodita censura cinematográfica en la Argentina, o los cambios de programa en las universidades de Pinochet, donde fue eliminada la Revolución Francesa "por ser harto conocida", según confesión del ministro del ramo.

A veces se opta, sin embargo, por una destrucción más gradual. El procedimiento no es, por cierto, una novedad. A tal punto tiene antecedentes, que en otros campos se le ha puesto etiqueta: *desestabilización*. En lo económico y en lo político, desestabilización es sinónimo de destrucción progresiva, algo que a veces puede culminar, como en el caso de Chile, en la más criminal y monstruosa represión que se conoce en la historia del Continente. Desestabilizar significa ir creando trabas que dificulten cada vez más el equilibrio, la seguridad y la coherencia, que, si para cualquier régimen resultan indispensables, lo son mucho más para un gobierno que proponga, en el orden estructural, modificaciones sustanciales. Es obvio que éstas requieren una comprensión y una adhesión consciente de las capas populares. Desestabilizar es desajustar, pero también desconcertar.

Llevada al plano de la cultura, la desestabilización cumple esas funciones, además de otras anexas. Antes de clausurar una universidad, se le retacean los fondos hasta asfixiarla. Antes de cerrar definitivamente un periódico, se le sanciona tantas veces como sea necesario para que sus avisadores se amedrenten o sus redactores se autocensuren. Antes de prohibir las obras de un autor, en las páginas culturales y en las secciones de crítica se planifica y se lleva a cabo una conspiración de silencio. Antes de acabar con una institución teatral, se detiene a las principales figuras del elenco. Antes de condenar al exilio a una cantante de creciente prestigio (digamos Nacha Guevara), se hace explotar una bomba en la sala bonaerense donde actúa. Esos pasos previos tienen, para los sectores represivos, la ventaja de ir sembrando el miedo, la desconfianza, la autocensura. Pero desestabilización cultural es también dispersión, desperdigamiento. Las grandes etapas culturales de un país son de nucleamiento y concentración. A veces, en razón de una situación determinada (que por ejemplo puede incluir una sensación de seguridad para el trabajo intelectual) se da el caso de un regreso masivo a su país, de artistas e intelectuales que habían emigrado por motivos políticos; por lo general se produce entonces un estimulante ensamble con los que pudieron permanecer —con dignidad y no colaborando con un régimen de oprobio— dentro de fronteras. Una paz bien ganada es siempre la gran ocasión para el renacimiento artístico y la reconstrucción universitaria, que por lo general son consecuencias lógicas de otras euforias y libertades.

En cambio, los brotes y desarrollos, en América Latina, de un fascismo dependiente, con sus aherrojamientos, sanciones, prohibiciones, hostigamientos, férreas censuras, producen, como es lógico, un éxodo masivo; es un fenómeno que en la actualidad asume proporciones cada vez más impresionantes en los casos de Uruguay, Chile, Argentina, Paraguay, Bolivia, y por supuesto incluye un buen número de profesionales, hombres de ciencia, escritores, pintores, músicos, cantantes, periodistas, etc.

Ahora bien, es obvio que una cultura no es una mera suma de individualidades; es también un clima, una recíproca influencia, una polémica vitalidad, un diálogo constructivo, un pasado en discusión y análisis, y es también un paisaje compartido, un cielo familiar con las constelaciones de siempre. Todo ello tiene lugar cuando la cultura nacional constituye un centro vital, irradiante, y los intelectuales forman parte de la realidad comunitaria. Por el contrario, el exilio es frecuentemente una frustración, aun en los casos —por suerte frecuentes en nuestra América— en que la fraterna solidaridad mitiga la nostalgia y el desarraigo. Y aunque un escritor mantenga correspondencia con otro escritor, cada uno enclavado en una realidad que no es la suya, suele ocurrir que el intercambio se convierta en un simple canje de soledades. En tales condiciones resultan muy difíciles la concertación, el diálogo, los trabajos en equipo (tan indispensables en campos como los de investigación científica, o talleres literarios, o conjuntos teatrales).

Así también, generando dispersión, se desestabiliza una cultura. Porque el desperdigamiento de los que emigran, agregado a la inevitable autocensura de los que se quedan bajo el fascismo, y sumado todo a la fatal incomunicación entre ambas zonas, rompe una continuidad que siempre es esencial al desarrollo y maduración de una cultura. Aun pensando que la rehabilitación de estos pueblos no demore demasiado, el mero hecho de la intervención o el cierre de universidades, así como el avasallamiento de su tradicional autonomía, generarán seguramente un atraso lamentable en el esfuerzo de cada país por rescatarse del subdesarrollo. La circunstancia de que numerosos artistas o escritores deban trabajar lejos de su medio, aislados de sus colegas, de su público, de sus raíces culturales, y paulatinamente vinculados a otro contorno, producirá a su vez un tipo muy particular de obras, donde quizá la nostalgia tienda a desfigurar la memoria, y donde la yuxtaposición del *pasado de patria* con el *presente de exilio* puede generar un riesgo de hibridez o de ambigüedad, que sólo en ciertos casos podrá ser evitado, merced a un talento, una convicción o una sensibilidad nada comunes.

Desperdigar la cultura —desde el legado tradicional hasta la experimentación de vanguardia— de cada país de América Latina, parece ser uno de los objetivos prioritarios de los expertos en penetración y desestabilización. No hay que descartar, sin embargo, que el propósito de dispersión origine imprevistas consecuencias, por lo menos en lo que se refiere a la *intermigración* latinoamericana. No hay que olvidar que, en el presente, pueden localizarse exiliados nicaragüenses en México, chilenos en Cuba, uruguayos en Venezuela, bolivianos en Perú, brasileños en Panamá, salvadoreños en Costa Rica, paraguayos en Argentina, argentinos en Colombia, haitianos en Santo Domingo, etc., etc. Empieza a verificarse una operación de ósmosis, un trasiego de culturas nacionales que, sin perder sus rasgos propios, van impregnando las culturas hermanas. Por lo pronto, el conocimiento mutuo significa una revelación, una conquista, para un Continente que fue deliberadamente organizado —por los sucesivos imperialismos— en compartimientos estancos, todos y cada uno convenientemente aleccionados para la xenofobia. De ahí que la inesperada respuesta a la desestabilización cultural pueda llegar a ser el conocimiento mutuo. Y en ese caso, quien desestabilice al desestabilizador, un buen desestabilizador será.

Esta obra se terminó de imprimir en septiembre de 1982,
en los talleres de IMPRENTA TÉCNICA, S. A.
Azafrán 45, Col. Granjas México,
México, D. F.